9287

CAUSE EFFICIENTE

ET

CAUSE FINALE

PAR

E. DOMET DE VORGES

Extrait des *Annales de philosophie chrétienne.*

PARIS

BUREAUX DES *ANNALES DE PHILOSOPHIE CHRÉTIENNE*

20, RUE DE LA CHAISE, 20.

—

1889

CAUSE EFFICIENTE

ET

CAUSE FINALE

OUVRAGES DU MÊME AUTEUR

A LA LIBRAIRIE ACADÉMIQUE DE DIDIER et Cⁱᵉ

(PERRIN successeur, 35 quai des Augustins, Paris) :

La métaphysique en présence des sciences.
    1 vol. in-12................................ 2 fr. 50

Essai de métaphysique positive.
    1 vol. in-12................................ 3 fr. 50

AUX BUREAUX DES *ANNALES DE PHILOSOPHIE CHRÉTIENNE.*

La constitution de l'être suivant la doctrine péripatéticienne.
    Brochure de 140 p. in-8................... 2 fr. 50

CAUSE EFFICIENTE

ET

CAUSE FINALE

PAR

E. DOMET DE VORGES

PARIS

BUREAUX DES *ANNALES DE PHILOSOPHIE CHRÉTIENNE*

20, RUE DE LA CHAISE, 20.

—

1888

CAUSE EFFICIENTE

ET

CAUSE FINALE *

PRÉAMBULE

La métaphysique péripatéticienne est l'effort le plus sérieux et le plus méthodique qui ait jamais été fait pour se rendre compte de la nature essentielle des êtres. D'autres philosophies, en essayant de concevoir l'univers dans son ensemble, se sont inspirées de grands sentiments ou se sont appuyées sur des principes abstraits. Je ne dis pas qu'elles aient été inutiles : pour réussir dans une telle entreprise, il fallait d'abord que l'esprit humain fut élevé très haut, et Aristote n'était peut-être pas possible avant Platon. Mais toute science qui veut se consolider doit adopter une méthode régulière : telle a été l'œuvre d'Aristote. Chez lui, point de ces grandes hypothèses qui éclairent un vaste horizon, mais dont la lumière jaillit au milieu des ténèbres. Il prend le fait, il l'analyse, il le réduit à ce qu'il a d'essentiel. Il arrive ainsi à de très grandes profondeurs, à des principes très abstraits ; mais toujours on suit le chemin qui conduit du fait au principe. Aristote a pu se tromper en plusieurs choses ; le moyen-âge a rectifié sa philosophie sur divers points. La science moderne exigera peut-être encore d'autres rectifications ; mais sa méthode est immortelle. Jamais on ne fera de métaphysique sérieuse en dehors de cette méthode, qui est la méthode même de la science : observation, analyse, déduction.

* Rédaction des conférences faites à l'*Institut catholique* de Paris pendant la saison 1887-88.

Dans une précédente étude[1] nous avons essayé d'exposer les principaux résultats de cette métaphysique, nous avons voulu montrer comment elle conçoit un être, quels éléments elle y découvre et comment sont liés ces éléments. Nous sommes arrivés ainsi à des conclusions assez particulières, très utiles pour répondre à certaines questions qui embarrassent les philosophes contemporains. Y a-t-il, par exemple, des transformations substantielles ? La philosophie moderne est bien tentée de répondre : non. Que d'êtres cependant paraissent varier dans leur fond le plus intime ? comment sont possibles ces grands et impitoyables faits : la naissance et la mort ? A l'aide des notions d'acte et de puissance, la philosophie d'Aristote permet de comprendre les transformations substantielles. La substance n'est pas une pure idée, immuable comme une définition géométrique ; elle n'est pas non plus, comme le veut Hégel, un devenir flottant et indéterminé. Elle est composée de deux éléments : l'un fixe, qui soutient ; l'autre variable, qui complète et achève. Ce n'est pas une abstraction placée derrière un phénomène ; c'est une entité vivante et féconde qui s'épanche dans le phénomène et lui communique toute son énergie.

De même, la philosophie moderne ne croit pas possible d'attribuer au même sujet des propriétés corporelles et, à la fois, des propriétés intellectuelles. Pourquoi cela ? Parce qu'elle ne conçoit ces propriétés que comme la substance même, ou du moins comme sa manifestation directe et immédiate. Le corps, à son point de vue, n'est qu'étendue inerte ; l'esprit n'est qu'activité, sentiment et pensée. Comment pourraient se fondre des termes si profondément disparates ? Cependant la nature toute entière témoigne d'une union intime de l'étendue avec la pensée et le sentiment ; toute la physiologie proteste contre la séparation de la vie et de la matière. Est-ce donc que la matière peut par elle-même vivre et penser ? Non, certes : une matière qui vit et qui pense n'est plus matière. Mais la philosophie péripaté-

---

(1) *La constitution de l'être suivant la doctrine péripatéticienne* (*Annales*, mai-octobre 1886 ; — tiré en broch. ; prix : 2,50).

ticienne a soigneusement distingué les propriétés de la substance. La propriété n'est pas seulement pour elle la substance se manifestant ; c'est quelque chose de plus, c'est un caractère nouveau qui complète la substance et lui donne d'agir au dehors. Un sujet unique peut donc être le fondement de propriétés très différentes, puisqu'il est distinct des unes et des autres ; il suffit qu'elles s'harmonisent entre elles pour tendre au même but, et qu'elles ne dépassent pas la mesure de son être et de son activité.

Ainsi, la métaphysique d'Aristote, précisément parce qu'elle est plus profonde, accorde davantage à la science. Tandis que la philosophie moderne, ou s'est mise en dehors de la science en voulant se fonder sur des considérations de logique abstraite, ou bien s'est mise à sa remorque faute d'en savoir tirer autre chose qu'un phénoménisme superficiel, la philosophie d'Aristote, fondée sur l'étude des faits, se tient en harmonie avec la donnée scientifique, qui a la même origine, mais sait atteindre, par une analyse aussi puissante que hardie, la substance derrière le phénomène et l'esprit derrière la matière. Ses désaccords, quand il y en a, sont ceux de l'expérience même, la science ayant dû quelquefois appeler de l'expérience commune à une expérimentation mieux contrôlée.

Mais il ne suffit pas de savoir comment est constitué un être, il importe beaucoup aussi d'en connaître l'origine et les causes. La science, d'après Aristote, est de savoir les choses par leurs causes. Pour avoir la science de l'être, il faut donc se rendre compte des causes de l'être. C'est l'étude que nous nous proposons aujourd'hui. Nous voulons rechercher, à la suite d'Aristote et des grands docteurs chrétiens, ce qu'est une cause ; quelle est l'origine et la valeur de cette notion de causalité ; quels sont les principaux ordres de causes : cause première et divine, causes matérielles, causes libres, etc. Après tout, la causalité, c'est la vie, c'est la fécondité des choses. Ôtez la causalité des êtres, je ne vois pas qu'ils valussent la peine d'exister.

Les anciens donnaient au mot cause un sens beaucoup plus étendu que nous ne faisons aujourd'hui. La cause, chez

Aristote, αἰτία, est tout ce qui concourt à l'existence d'une chose. En ce sens, les éléments de la substance en sont des causes, cause formelle ou cause matérielle, selon que l'on envisage la forme ou la matière. La terminologie moderne est beaucoup plus restreinte ; elle n'appelle cause que le principe qui confère l'existence, autrement la cause efficiente : c'est à peine si elle consent à appliquer aussi ce terme à la fin qui détermine l'action de la cause efficiente. Nous nous conformerons à cet usage : quand nous parlerons de cause, il faudra toujours entendre la cause efficiente. En terminant, nous ajouterons quelques considérations sur la cause finale.

Rien ne peut être plus élevé que l'étude de la cause efficiente. On a dit quelquefois que l'idée d'être est au fond l'idée de Dieu : que dirons-nous donc de l'idée de cause ? Est-ce que Dieu n'est pas la cause première universelle ? Est-ce qu'il n'est pas la cause de tout être ? Est-ce qu'aucune autre cause peut exister sans son aide et son concours ? Assurément, l'idée d'être est une image de la nature divine, mais cette image, telle que nous la donne l'expérience, est vague et lointaine ! La cause est la définition même de Dieu par rapport à la connaissance que nous avons de lui, c'est le principe de son souverain domaine, c'est sa présence vivante dans le monde. C'est notre appui dans le développement de notre destinée ; il l'accomplit avec nous et il en est lui-même la fin. Parler de cause, c'est donc parler de Dieu ; derrière une notion abstraite de philosophie se cache, invisible et présente, la plus auguste des réalités. Nous ne la voyons pas, mais nous sentons sa chaleur et sa force nous soutient !

La cause n'est pas seulement une notion ; elle est encore un principe. Non seulement nous avons l'idée de cause, l'idée d'une chose donnant l'existence à une autre, mais nous considérons la causalité comme une nécessité. Nous n'admettons pas qu'une existence nouvelle puisse se produire sans être causée. Pourquoi cela ? Quelle est l'origine de la notion de cause ? Et cette origine explique-t-elle la nécessité qui s'y attache ? Telle est la première question qui se présente à notre examen. Cette question n'est elle-même qu'un cas particulier d'une question beaucoup plus générale : quelle est la valeur et l'origine des premiers principes ? Comment se forment ces jugements universels et nécessaires qui sont à la base de toutes les sciences, qu'on ne démontre pas, mais qui sont les principes de toute démonstration ? Cette question est aujourd'hui l'objet des plus vives controverses et grâce au point de vue adopté par la philosophie moderne, elle paraît à peu près insoluble. Qu'on nous permette d'exposer la doctrine scolastique à ce sujet. Si l'on saisit bien cette doctrine, si pleine de bon sens, si conforme à l'expérience, et si féconde cependant en vues transcendantes, on n'aura point de peine ensuite à comprendre l'origine et la valeur du principe de causalité.

CHAPITRE I

FORMATION DES PREMIERS PRINCIPES

Rien n'est plus commun aujourd'hui que le reproche adressé à la philosophie de se fonder sur des hypothèses. Ce reproche lui vient de côtés très divers. Les uns, dépourvus d'éducation philosophique et se trouvant subitement placés en face d'affirmations dont ils n'ont pas étudié les fondements, crient d'abord à l'hypothèse. Les autres, entraînés par une fausse sagesse qui fait consister la plus haute prudence à tout contester, qualifient les premiers principes de la philosophie d'hypothèses, parce qu'en dehors du fait brut, ils ne pensent pas qu'il puisse y avoir autre chose. Pour ceux-ci la philosophie n'est pas une science, mais un art : le philosophe part, suivant eux, non de faits et de vérités évidentes, mais « d'un principe qu'il se fait à lui-même pour développer sa manière de concevoir le monde[1] ». La philosophie, dit M. Clay, dans son livre intitulé *l'Alternative*, est l'ensemble des systèmes qui offrent plus ou moins d'attrait au sens commun sans le satisfaire complètement[2]. En bon français, c'est une œuvre d'imagination, intéressante

(1) Dauriac, *Sens commun et raison pratique.* (*Critique philosoph.*, juillet 1887).

(2) « Parmi les systèmes de propositions explicatives, il en est de deux sortes : les uns offrent plus ou moins d'attrait au sens commun, mais ne satisfont pas le sens commun : d'autres lui donnent satisfaction. Ces derniers, en y comprenant les problèmes et les hypothèses que chacun d'eux comporte, sont connus sous le nom de science; quant au nom de philosophie, après avoir décrit comme un cercle immense, il a fini par planer en quelque sorte au-dessus de l'ensemble des systèmes du premier genre » (Trad. de Dauriac).

quand elle est due à un puissant génie. C'est moins qu'un poème, car un poème n'affirme point, et par conséquent ne ment point. Le philosophe le plus sceptique affirme ; il présente certaines choses, ou au moins certaines négations, comme vraies. N'est-ce point là de la science ? Qu'est-ce donc alors ? C'en est peut-être une contrefaçon.

Il y a des hommes qui ont une telle opinion de la philosophie, et qui osent se dire philosophes !

Remarquez qu'en parlant des hypothèses philosophiques, on prend toujours le mot dans son plus mauvais sens, comme synonyme de supposition arbitraire et gratuite. En un tel sens, nous considérons ce terme comme une injure pour la philosophie scolastique. Nous ne faisons pas des hypothèses, nous ne donnons pas pour vérités des affirmations fantaisistes. Nous pouvons nous tromper, mais nous n'avançons rien qui ne nous paraisse appuyé sur des faits ou sur des principes évidents. Qu'il y ait dans cette philosophie des choses qu'il faudra modifier plus tard, je n'en fais aucun doute : c'est le cas de toute science ; mais on ne fera de modification sérieuse et durable qu'en suivant la même marche, c'est-à-dire en analysant mieux les faits et en vérifiant plus exactement les raisonnements.

Ah ! si vous voulez des suppositions arbitraires, ce n'est pas chez nous qu'il faut les chercher. Cherchez-les chez ces philosophes qui enseignent, sans preuve, que la matière ne peut être anéantie (Herbert Spencer), que la vie n'est qu'un processus chimique (Hæckel), que la vérité n'est que la conformité de l'esprit à ses propres lois (Kant). Voilà des suppositions arbitraires, gratuitement opposées à la conviction générale par des penseurs qui n'ont d'autre motif de les produire que le désir de faire échec à certaines croyances, ou de se tirer de difficultés dont ils n'ont pas su démêler la véritable importance.

Que s'il s'agit d'hypothèses vraiment scientifiques, nous ne nous en défendrons pas. Oui, la philosophie scolastique en a, comme toutes les sciences. Aucune science ne peut se développer sans le secours d'hypothèses, parce que la nature des êtres étudiés étant contingente, on ne peut la déduire de principes nécessaires. Il faut l'inférer des effets connus, et les effets peuvent souvent s'interpréter de plusieurs manières. Que faire alors ? On choisit une de ces manières et on l'essaie. C'est ce qu'on appelle faire une hypothèse. Elle doit d'abord être fondée sur les faits connus et les expliquer. Si elle explique encore les faits que l'on découvre postérieurement, c'est une hypothèse vérifiée, et elle prend rang définitivement dans la science. Si elle aide à découvrir des faits nouveaux, si elle fait pressentir des circonstances que l'on n'aurait pas devinées sans elle et que l'expérience vérifie, elle arrive presque au rang de vérité démontrée. Telles sont les grandes hypothèses scientifiques : l'hypothèse de la gravitation des astres, celle des ondulations lumineuses, etc. La scolastique a de pareilles hypothèses; nous avouerons bien que la théorie de la matière et de la forme, qui a fait le sujet de notre précédente étude, est une hypothèse de ce genre.

Mais prenez-y garde : qui dit hypothèse scientifique ne dit pas affirmation arbitraire. L'hypothèse scientifique est quelque chose de très sérieux, fondé en raison, doué d'une haute probabilité. Elle n'a rien de commun avec ces suppositions irréfléchies que l'on forme si souvent pour s'expliquer les choses sans se donner la peine de les étudier. L'hypothèse scientifique, au contraire, est suggérée par l'étude approfondie des faits ; elle est un des fruits les plus excellents de la raison habilement conduite ; elle mérite la confiance que l'on accorde aux conclusions sérieusement motivées : la révoquer en doute pour des raisons légères serait une imprudente étourderie ou une orgueilleuse témérité !

Sans les hypothèses scientifiques, la science serait enfermée dans des limites bien étroites. Elles en sont comme la chair reliant toutes les parties et leur donnant le ton et la vigueur. Elles ne suffisent pas toutefois; il faut des os et un squelette où les appuyer. Il faut des faits et des principes absolument certains qui fondent la science et assurent sa marche. Les faits sont donnés par l'expérience, sur ce point tous sont d'accord. D'où viennent les principes, c'est ce que la philosophie scolastique va nous enseigner.

Les principes employés dans les sciences sont de deux
sortes : les postulats et les axiomes.

Il est des principes admis par tout le monde ; dès qu'ils
sont énoncés, ils sont reçus sans hésitation. Cependant
ils ne jouissent pas d'une clarté parfaite. Personne ne
doute qu'ils ne soient vrais ; il est difficile de se rendre
compte pourquoi ils sont vrais. On les appelle postulats. Ce ne sont point, comme ont l'air de croire certains
auteurs, des affirmations qu'un philosophe ingénieux pré-
suppose, postule pour la commodité de son système. Ce
sont des affirmations que la raison humaine se donne à elle-
même. Le postulat n'est postulat que parce que personne
ne peut considérer attentivement les choses et les voir
autrement.

Tel est le célèbre postulat d'Euclide : *par un point
donné hors d'une droite, on ne peut mener qu'une
seule parallèle à cette droite.* Cela est certain, personne
ne saurait se représenter le contraire, et deux parallèles
différentes passant par le même point apparaîtront toujours
comme une impossibilité. Mais pourquoi est-ce impossible ?
Depuis qu'il y a des géomètres on s'est évertué à chercher
la raison de cette impossibilité. On ne l'a pas encore trouvée, et vraisemblablement on ne la trouvera jamais. Aujour-
d'hui comme au temps d'Euclide, on en est encore réduit à
une affirmation pour ainsi dire instinctive. Mais cette affirmation instinctive fonde toute une grande science que ses
applications vérifient à chaque instant. Que seraient les
mathématiques sans le postulat d'Euclide ? Cependant les
mathématiques passent pour la plus solide et la plus incon-
testée des sciences. Grande leçon d'humilité à la raison
humaine ! preuve palpable de sa nature bornée et dépen-
dante ! Elle peut sonder les profondeurs du ciel ; elle ne
peut se justifier à elle-même un de ses principaux points de
départ.

Certaines réalités nous sont si familières que notre esprit
ne conçoit rien en dehors de leurs conditions ; et cependant
elles sont si obscures que nous n'en démêlons jamais le fond
et la nature propre. Telle est l'étendue. Rien ne nous est

mieux connu : rien n'est plus difficile à expliquer par des notions rationnelles. Aussi les vérités qui touchent à l'étendue nous apparaissent comme incontestables ; mais, pour en saisir le nœud, il faudrait expliquer la nature même de l'étendue. Personne ne l'a su faire jusqu'ici d'une manière qui satisfît la raison générale. C'est pourquoi les sciences de l'étendue en sont réduites à user de postulats.

Dans les sciences de choses rationnelles, telle que la philosophie, il y a peu de postulats, et ils jouent un rôle peu important. Nous ne nous arrêterons donc pas à chercher l'origine de ces données. Mais nous ne pouvons nous défendre de présenter une observation qui se rattache directement à l'objet de notre étude. On a prétendu souvent que le principe de causalité n'était qu'un postulat ; nous sommes d'un autre avis, nous espérons montrer bientôt qu'il est réellement un axiome. Mais, fût-il un postulat, serait-ce une raison d'accabler de dédain les sciences philosophiques ? Nous l'avons vu, la géométrie est fondée pour les trois quarts sur un postulat ; et cependant tous la considèrent comme un modèle de rigueur scientifique. Si le principe de causalité n'est qu'un postulat, ce n'est certainement pas un postulat arbitraire. Il a bien tous les caractères du postulat scientifique : certitude inéluctable, impossibilité pour tous de voir ou de concevoir autre chose. De ces deux propositions : *tout effet a une cause*, ou bien : *par un point pris hors d'une droite on ne peut mener qu'une seule parallèle à cette droite*, quelle est celle qui apparaît comme la plus incontestable ? quelle est celle qui s'impose d'abord avec la certitude la plus absolue ? Or, le plus grand nombre des données philosophiques se rattachent à la notion de cause. On entend dire quelquefois : ah ! si la philosophie était aussi certaine que les mathématiques.... Vous le voyez : elle est au moins aussi certaine ; son fondement est aussi assuré, s'il ne l'est plus ; et ses développements, quand on les étudie comme on étudie les mathématiques, sont aussi réguliers. Mais les mathématiques ont ce bonheur qu'on n'en parle jamais sans les avoir étudiées et contre l'opinion des gens qui les ont étudiées.

Nous pourrions appeler le postulat un axiome manqué ;
il est à la fois clair et obscur, et certain sans être évident :
l'évidence parfaite n'appartient qu'à l'axiome. L'axiome est
une proposition évidente par elle-même. Dès qu'elle est
présentée, on voit qu'elle est certaine, et on voit pourquoi
elle est certaine. Ici tout est clair ; c'est précisément ce que
signifie le mot évidence. Il vient du mot latin *videre*, voir.
La démonstration est superflue, parce que le rapport entre
les termes apparaît de lui-même. On le voit. On voit que ce
rapport est nécessaire, et on voit pourquoi il est nécessaire.
Il est inutile et impossible d'aller plus loin.

Soit, par exemple, cette proposition : *le tout est plus
grand que la partie.* Dès que nous l'entendons énoncer,
notre conviction est faite; nous saisissons d'abord le rapport
d'inégalité qui caractérise nécessairement le tout par rapport à la partie. Si quelqu'un hésite, c'est qu'il ne comprend
pas la valeur des expressions ; il suffit de les lui expliquer.

D'où viennent ces propositions évidentes ? comment nous
sont-elles suggérées ? qui leur donne leur caractère d'universalité et de nécessité ? comment n'hésitons-nous jamais
sur leur application dès que leur objet se présente ? C'est
une question des plus importantes : toute science en dépend.
La science, en effet, cherche à ramener toutes les vérités à
ces vérités premières ; c'est la condition de sa certitude ; il
n'y a d'incontestable et de vraiment définitif que ce qui est
fondé sur les axiomes. La philosophie scolastique le savait
bien. L'idéal des docteurs a toujours été de ramener tous
les théorèmes à un fait constant et au principe de contradiction. C'est pourquoi ils ont imaginé cette méthode un peu
lourde que la légèreté de notre siècle qualifie de barbare, ce
syllogisme, si monotone dans sa forme, si lent dans ses
démarches, qui toutefois met si nettement en relief les diverses affirmations, leur ordre et leurs rapports. Quel meilleur
moyen d'écarter au passage les assertions gratuites, les données imaginaires et les hypothèses fantaisistes !

Il est donc très important d'établir d'une manière indiscutable l'autorité des axiomes, ou plutôt de repousser les
attaques dont ils sont l'objet. Car le sens commun naturel

croit aux axiomes ; il y a toujours cru et il y croira toujours.
Ceux mêmes qui les attaquent y croient quand il ne s'agit
pas de spéculations philosophiques. Mais les philosophes
des derniers temps se sont imaginé qu'il pourrait y avoir
doute à cet égard, parce qu'ils se sont formé une fausse
idée de l'origine des premiers principes. C'est donc à réta-
blir leur véritable origine que nous devons nous attacher.

Les modernes sont partagés à ce sujet entre deux opinions,
toutes deux incomplètes et, par suite, dangereuses dans
leurs applications. Les uns pensent que nous n'avons originairement que des notions sensibles, et que toutes nos
affirmations en sont déduites. Mais comment en sont-elles
déduites ? Ils ne savent pas l'expliquer, parce qu'à la sensation il faudrait joindre une faculté supérieure qu'ils igno-
rent. La sensation toute seule ne donne que des images,
des collections d'images, ou encore des images générales
où se fondent en une seule les images analogues. L'image
sensible est toujours une donnée particulière et ne représente qu'un fait particulier. Elle ne donne par elle-même
ni la vérité de la perception, ni la nécessité universelle des
affirmations, ni les notions transcendantes. C'est, si l'on
veut, la matière de notre connaissance, mais il y manque
la forme.

Les partisans du sensualisme pur ne peuvent évidemment
voir dans la sensation que le fait brut, et dans les vérités
générales que l'accumulation des faits. Pour eux la substance
est un groupe de faits, la causalité une succession de faits ;
et il n'en peut être autrement. Pour y voir autre chose, il
faudrait introduire des notions qui n'entrent par aucun des
cinq sens que Condillac prête à sa statue.

D'autres, frappés de la nécessité et de l'universalité des
vérités premières, en concluent qu'elles préexistent en nous à
la connaissance sensible. Ce sont des dispositions subjectives
de notre esprit ; il les possède d'avance ; et quand survient
la connaissance sensible, il les lui applique. De quel droit
les lui applique-t-il ? On n'a jamais pu répondre à cette question. La connaissance sensible vient des faits et les représente, au moins dans une certaine mesure. Mais d'où vien-

nent les données de la raison pure? quels rapports ont-elles avec les faits? et qui nous assure qu'elles concordent avec eux? Parce que nous ne pouvons pas faire autrement que de les joindre aux images sensibles, s'ensuit-il qu'en dehors de nous ces deux éléments se rencontrent dans les choses? Jusqu'ici on n'a guère pu se tirer de ces difficultés que par un acte de foi ; et c'est une des principales raisons qui, dans ces derniers temps, ont fait refuser à la philosophie son caractère scientifique : elle s'appuie, dit-on, sur des données dont le caractère objectif n'apparaît pas incontestable.

Cependant les adeptes de cette seconde opinion sont convaincus qu'il n'y a pas d'autre moyen de conserver aux vérités premières leur caractère d'universalité et de nécessité ; entre l'opinion des sensualistes et la leur, ils n'admettent pas de moyen terme. L'alternative est nettement posée par M. Liard dans son étude récente sur les définitions : « Le sensualisme, dit-il, ne peut, ce semble, sortir du dilemme suivant : ou bien les rapports de nos idées sont particuliers et fortuits, et alors la pensée est impossible ; ou bien ils sont universels et nécessaires, et alors ils ne viennent pas de l'expérience[1] »

Nous allons voir les scolastiques échapper facilement à ce dilemme.

L'expérience, en effet, n'est pas complète par les seules données sensibles. Il y a dans tout fait un élément intelligible. La sensation ne l'atteint pas, mais il existe une faculté supérieure qui l'atteint. Si les scolastiques ont dit qu'avant la sensation l'intelligence est comme une page où il n'y a rien d'écrit ; ils n'ont pas dit que la sensation toute seule y pouvait écrire. Au contraire, ils ont toujours admis le concours d'une faculté supérieure pour illuminer la donnée sensible.

Voyez la plaque photographique. Est-ce que la lumière émise par les objets pourrait y tracer leurs images, s'il n'y avait dans la plaque même une vertu spéciale pour en conserver les impressions. De même, la donnée sensible serait impuissante, s'il n'y avait dans l'âme une vertu spéciale pour lui donner l'être intelligible. Que fait en nous cette vertu? Rien

(1) *Des définitions géométriques et des définitions empiriques*, p. 141.

autre chose que d'actualiser la donnée suivant le mode intelligible, c'est-à-dire suivant ce mode où elle n'existe qu'à titre de représentation ou plutôt de constatation des choses. La connaissance, j'entends ici la connaissance concrète qui est la seule fondamentale, n'est pas, comme le prétendent beaucoup de penseurs contemporains, un acte purement intérieur qui se trouve peut-être semblable à un objet extérieur ; c'est un acte qui n'existe que par son rapport à l'objet. Otez l'objet, il n'y a plus d'acte ; car l'acte de perception consiste précisément à saisir la présence d'un objet. Nous pouvons nous tromper quelquefois sur la nature et les conditions de l'objet ; mais comment aurions-nous l'idée même de perception, si jamais il ne nous était arrivé de saisir un objet ?

Mais, saisir un objet, n'est-ce pas constater qu'il est ? La vertu intellectuelle est précisément la force qui fait cette constatation. Elle atteint la chose en soi en tant qu'elle la saisit dans son existence propre. Et cela n'a rien d'étonnant : n'est-elle pas, comme le dit S. Thomas, une ressemblance et comme une participation de la lumière incréée, cette lumière qui est la source première de l'actualité des choses ? Ce que l'une produit, l'autre le constate ; les choses sont parce que Dieu les conçoit et les affirme ; nous, au contraire, nous les affirmons parce qu'elles sont.

L'expérience étant ainsi conçue, il est tout naturel qu'elle ouvre la voie vers les vérités les plus hautes. Laissez Kant de côté ; consultez votre conscience. Est-ce que toute la connaissance n'est pas tournée vers la recherche de ce que sont les objets en eux-mêmes ? Mais, comment connaître les objets en eux-mêmes sans connaître au moins quelqu'un de leurs traits ? Tout objet est de l'être déterminé par un caractère spécifique : il n'existe que par l'union de ces deux choses, comme la pensée n'existe que par l'union de la donnée sensible et de l'affirmation. Il y a quelques objets dont nous saisissons directement le caractère ; ceux-là, nous les connaissons vraiment en eux-mêmes, car ils ne sont autre chose que ce caractère subsistant. Pour les autres objets dont l'existence nous est connue plus ou moins indirectement, nous leur composons un caractère à l'aide des phénomènes qui les manifestent. C'est ici que nous nous trompons quelquefois. Mais nous ne pouvons penser une chose sans la penser sous un certain caractère, pas plus que cette chose ne pourrait exister sans une nature qui lui soit propre.

Cette nature de la chose par laquelle elle est telle ou telle, ce caractère par lequel on la pense, c'est ce que nous appelons son *essence*. Vous ne pouvez connaître une chose immédiatement sans connaître son essence, car c'est cela même que vous en connaissez. Pouvez-vous voir du rouge sans voir ce qu'est la couleur appelée rouge? Pouvez-vous avoir chaud sans savoir ce qu'est la chaleur? Pouvez-vous vous voir sentir, connaître, vouloir, sans savoir ce qu'est la sensation, l'intelligence ou la volonté? Sans voir ces choses on ne peut en avoir aucune idée. L'aveugle n'a aucune idée des couleurs. Cette idée d'une chose, ce qu'elle est, ce qui la fait telle, c'est précisément son essence. Connaître ou trouver l'essence des choses, c'est la grande fonction de l'intelligence, celle qui lui donne un rang si élevé au-dessus de la sensation. La sensation reçoit l'impression sensible des objets, et, d'après cette impression, les recherche ou les fuit. L'intelligence sait qu'ils sont et ce qu'ils sont.

Mais ce n'est pas tout. Non-seulement nous connaissons certaines essences, et nous concevons à toute chose une essence; nous avons, en outre, un privilége particulier, c'est d'envisager cette essence à part. Non seulement nous connaissons tels animaux, telles plantes, telles pierres; nous considérons en général ce qu'est la pierre, la plante ou l'animal. Toutes ces choses n'existent que dans certaines conditions particulières d'espace et de temps; nous pouvons les penser en dehors de toute existence actuelle et par conséquent de ces conditions. Nous pouvons les abstraire de tout détail particulier, les réduire à ce qui est proprement leur mode d'être. Pourquoi cela? Le sens serait impuissant à le faire, parce qu'il ne considère la chose que dans l'action qu'il en subit; s'il cesse d'en être ému, il cesse de s'en occuper. L'intelligence, au contraire, précisément parce qu'elle tend vers la chose en elle-même, alors même qu'elle n'en est plus

actuellement frappée, continue de s'y attacher ; à part de
tout effet sur soi, elle veut savoir ce qu'est cette chose et le
savoir toujours plus à fond. Elle possède ce sentiment désin-
téressé, très noble quand il ne s'égare pas sur des détails
futiles, que nous appelons curiosité. Sur la terre, l'homme
seul est curieux.

Ne croyez pas qu'il faille une grande philosophie pour
envisager les choses de cette manière abstraite. Nous le faisons tous naturellement ; il suffit d'être homme. Le langage
n'est possible qu'à cette condition. Tous les mots qu'il emploie expriment des notions générales, c'est-à-dire l'essence
de telle ou telle chose envisagée en dehors de tout objet
individuel : homme, chien, blanc, noir, agir, aimer, ne représentent pas tel être ou tel fait individuel, mais une nature
qui peut se retrouver en beaucoup d'êtres ou de faits particuliers. L'homme seul a la parole articulée, parce que seul
il peut concevoir et exprimer des pensées abstraites. On a
cherché souvent une caractéristique de l'espèce humaine, un
trait qui la distinguât nettement et sans confusion de tous
les êtres vivants. Cette caractéristique, la voilà. Vous rencontrez un être sauvage, égaré dans les bois : est-ce une
figure d'homme ? est-ce une figure de singe ? Vous pouvez
hésiter ; la nature humaine est sujette à de telles dégrada-
tions ! Mais s'il parle, s'il montre un objet et le désigne par
un nom commun, il n'y a pas à balancer : vous êtes en face
d'un homme.

Cette faculté des idées générales se révèle dans nos moindres actions. Découpez une feuille de papier en rond ; il n'est
guère d'acte plus simple pour nous. L'animal en est incapable, parce qu'il faut concevoir l'idée de rondeur, et la concevoir comme applicable à différents objets. Faire du feu,
fabriquer un outil sont considérés avec raison comme des
actes essentiellement humains. L'homme seul ayant l'idée
de considérer les choses en elles-mêmes et dans leur nature
propre, il peut seul avoir l'idée de modifier cette nature pour
l'accommoder à ses besoins.

Mais cette notion abstraite des choses, cette notion qui s'applique en dehors des circonstances particulières de temps et

d'espace, est précisément ce que nous appelons une notion universelle. Les essences sont des données universelles en ce sens qu'elles concernent toute une classe d'objets indépendamment des marques individuelles. Platon avait bien remarqué ce caractère des essences, d'être en quelque sorte universelles et éternelles ; mais il croyait qu'il fallait les placer en Dieu. Aristote a reconnu que cette hypothèse n'est point nécessaire. Il a montré que l'universel est compris en un sens dans le particulier, qu'il en est un des éléments, et qu'il suffit, pour le faire ressortir, de l'isoler des variations individuelles. A vrai dire, cette universalité est négative. L'essence n'est point quelque chose existant toujours et partout : comme telle, elle n'a point l'existence actuelle. C'est une chose qui peut être réalisée dans toutes les conditions de temps ou de lieu, parce qu'elle leur est indifférente. S. Thomas l'a très bien dit : l'universel est dit éternel parce qu'on n'y considère pas le temps : *Universale dicitur perpetuum eo quod abstrahit a tempore* [1] .

Que si les essences sont universelles, les vérités qui les concernent sont également universelles ; elles s'appliquent partout où s'appliquent les essences. Il reste à voir comment elles se forment et comment elles sont nécessaires.

L'essence des choses n'est pas toujours absolument simple, on peut même dire qu'elle ne l'est jamais et qu'il est toujours possible d'y distinguer certaines conditions. Si l'essence est parfaitement pure et ramenée à ses termes fondamentaux, ces conditions sont essentielles, c'est-à-dire qu'elles font partie intégrante de l'essence et qu'on ne peut les séparer sans détruire l'essence elle-même. Il y a donc un lien indissoluble soit entre ces conditions essentielles, soit ei tre elles et l'essence qu'elles constituent. Dans cette proposition : *l'homme est un animal raisonnable,* vous ne pouvez séparer l'idée de raison de l'idée d'homme ; s'il n'y a plus de raison, il n'y a plus d'homme. De même, le cercle est constitué par l'égale distance de tous les points de la circonférence au centre ; ou bien ces distances sont égales, ou bien il n'y a pas de cercle. On ne saurait comprendre

(1) *Sum. th.* I, 16, 7.

une couleur qui ne serait pas visible, une intelligence incapable de connaître, une volonté sans but. Ces choses sont
telles ou elles ne sont pas. Quand nous énonçons ce lien
indissoluble entre une essence et ses conditions intégrantes, nous énonçons une vérité, et cette vérité est nécessaire,
parce que les choses ne peuvent être autrement. Ainsi, dire
que tout cercle a ses rayons égaux, c'est proposer une vérité
nécessaire. Il peut n'exister aucun cercle, mais, du moment
qu'il existe, il remplit nécessairement cette condition.

De là l'idée de nécessité.

Cette nécessité, dira-t-on, est une nécessité conditionnelle
et hypothétique ; elle suppose l'existence de l'objet. Ce n'est
point une nécessité complète, absolue ; partant, elle ne
peut nous donner l'idée de la vérité absolue. Je ne sais
point de chose dont la philosophie ait plus abusé que de
ces idées grandes, mais un peu vagues, d'éternel, d'infini,
d'absolument nécessaire. Parce que la philosophie, aidée
par le christianisme, a pu s'élever à ces idées, parce qu'elles
sont devenues un sujet fréquent de méditation pour les
philosophes et satisfont un côté fort élevé de notre nature,
il semble à certaines gens que tout l'ordre rationnel soit fondé
sur elles. C'est précisément le contraire qui est vrai. Pas
plus que l'idée d'infini, l'idée de nécessité absolue n'est en
nous une idée primitive. Toutes les nécessités que nous
connaissons sont contenues dans quelque chose de contingent ; toutes sont soumises à cette condition, que leur objet
existe. La preuve de l'existence de Dieu n'y échappe pas ;
elle ne nous paraît concluante et nécessaire qu'autant qu'elle
est fondée sur l'existence connue de certains êtres. C'est
seulement en réfléchissant sur la cause première, en cons-
tatant que cette cause existe par elle-même, que, par conséquent, son existence est identique à son essence et lui est
indissolublement liée, que nous apparaît l'idée d'une chose
nécessaire en elle-même et sans condition. Mais cette nécessité même ne nous est connue à nous que médiatement et
sous certaines conditions ; elle est inférée et acquise, elle
n'est ni primitive, ni naturelle.

C'est une des méprises les plus fréquentes de la philosophie moderne, une de celles qui l'exposent aux plus grandes déceptions, que cette tendance à présenter comme primitives des idées qui sont le fruit d'une longue élaboration philosophique. Ces idées, ainsi séparées de leur base, prennent un air hypothétique qui met en garde les gens méfiants, et rend suspects les systèmes que l'on veut fonder sur elles.

Nous savons maintenant comment l'intelligence connaît les essences ou natures des choses ; comment elle peut considérer ces essences séparées de leurs conditions d'existence actuelle et, par suite, sous la forme universelle ; comment enfin dans ces essences il est des conditions intégrantes et nécessaires qui s'impliquent réciproquement : nous pouvons expliquer la nature de l'axiome.

Parmi les essences ou natures que nous connaissons immédiatement, il en est quelques-unes, plus générales que toutes les autres, qui se retrouvent dans tous les faits, ou du moins dans de grandes séries de faits. Ces essences ont comme d'autres leurs conditions nécessaires, constitutives, qu'on ne peut retrancher sans détruire l'essence elle-même. Nous voyons cette nécessité rien qu'à considérer la nature de l'essence, puisque l'essence résulte de la réunion même de ces conditions essentielles. Eh bien ! la proposition qui énonce cette nécessité est dite un axiome. L'axiome n'est que l'interprétation spontanée des conditions essentielles de certaines essences générales immédiatement connues.

L'axiome est universel, car il se dit d'une essence et s'applique partout où apparaît cette essence, sans distinction de temps ni de lieu ; il est nécessaire, car il exprime des conditions liées indissolublement à l'essence ; il n'a pas besoin de démonstration, car on voit immédiatement dans l'essence qu'elle est constituée par ces conditions ; enfin, il est objectif, car il dit ce que nous voyons dans l'essence ; il est la traduction en langage abstrait de l'acte de perception par lequel nous la saisissons.

Tel est l'axiome dit principe de contradiction : *il est impossible qu'une chose soit et ne soit pas en même temps.* Ce principe est universel, car il se dit de l'être, et l'être se rencontre en toutes choses ; il est nécessaire, c'est un caractère essentiel de l'être d'exclure le non-être ; il est objectif et n'a pas besoin de démonstration, car il se voit rien qu'à voir l'être.

On voit l'être en toutes choses, puisqu'elles sont.

On a dit, inspiré par les tendances subjectives de notre siècle, que le principe de contradiction exprime l'impossibilité d'affirmer ou de nier en même temps. Ce n'est pas bien l'entendre. Le principe de contradiction exprime l'impossibilité, dont nous sommes témoins en toutes choses, d'associer cette chose à sa privation, sa présence à son absence, son être à son néant. L'impossibilité de nier et d'affirmer du même coup n'est qu'un cas particulier de cette impossibilité générale. L'axiome de contradiction est fondamental : le supprimer serait supprimer l'intelligence. Il est la garantie de tous les autres axiomes, car cette nécessité d'essence qui les fonde n'est évidente que par lui. Les conditions essentielles d'une nature seraient-elles nécessaires, s'il n'était impossible que la chose soit telle et ne soit pas telle en même temps ?

C'est de même un axiome que *tout ce qui est, est déterminé*. Une chose ne peut pas être en même temps plusieurs choses différentes ; il faut qu'elle soit l'une ou l'autre. L'être n'est multipliable qu'à condition de revêtir un caractère précis. La philosophie contemporaine, qui ne touche guère à un principe sans l'altérer, a appliqué celui-ci en ce sens que la pensée ne connaîtrait que des différences. Il y a là un sophisme fondé sur une équivoque. Assurément, nous ne connaissons aucune chose sans connaître le caractère qui la distingue des autres. Mais il ne s'ensuit pas que nous connaissions cette différence elle-même ; pour la connaître, il faudrait connaître aussi l'autre terme, et cela n'arrive pas toujours.

Remarquons en passant que ce principe : *tout ce qui est, est déterminé*, est parfaitement conciliable avec le libre arbitre de la volonté. Comme nous le verrons plus loin, la liberté de l'acte ne consiste pas dans l'absence de détermination, mais dans la manière dont s'acquiert cette détermination.

Nous pourrions passer en revue tous les axiomes, ce serait énumérer les fondements de toutes les grandes théories scolastiques ; toujours nous verrions que l'axiome ne fait qu'énoncer une condition essentielle de quelque nature connue.

Ordinairement on explique autrement la valeur de l'axiome. On l'envisage sous le point de vue exclusivement logique. L'axiome, dit-on, est nécessaire parce que le prédicat est compris dans le sujet. Mais pourquoi le prédicat est-il compris dans le sujet ? n'est-ce point que la condition représentée par le prédicat est impliquée réellement dans l'essence que représente le sujet ? Et où verrions-nous cette relation réelle, si nous ne la voyions dans l'essence du sujet ? D'ailleurs, beaucoup de logiciens expliquent cette compréhension d'une manière trop étroite. Il n'est pas absolument nécessaire qu'il y ait entre les deux termes une identité totale ou partielle, autrement on s'exposerait à exclure des axiomes très importants. Il suffit qu'entre le prédicat et le sujet il y ait connexion nécessaire, que l'un supprimé supprime l'autre. Cela ne se voit pas toujours clairement dans la forme de la proposition, mais on le voit toujours en se rapportant à la nature de la chose. Nous faisons ici de la métaphysique, et non de la logique ; il nous paraît donc bien préférable de substituer le point de vue objectif au point de vue formel, qui laisse la porte ouverte à des critiques embarrassantes. Rien ne peut mieux relever la valeur de l'axiome que de montrer son origine dans la nature ou l'essence des faits.

Vainement certains penseurs nous opposent qu'un fait est un accident passager et contingent, dont il n'y a rien à conclure. Ce qui est contingent dans un fait, c'est l'existence ; et de l'existence d'un fait on ne saurait conclure logiquement l'existence d'un autre fait semblable. Mais il en est autrement quand on envisage l'essence. L'essence a ses conditions nécessaires qui la suivent infailliblement. L'une donnée implique les autres. Parlez-moi d'une figure à trois angles, je saurai immédiatement qu'elle a trois côtés. Pour

cela je n'ai pas besoin d'expériences nombreuses ; il me suffit d'avoir vu un triangle pour juger du rapport nécessaire
de ses éléments entre eux. Dans un travail précédent, nous
insistions sur la supériorité de la philosophie scolastique qui
va droit à l'essence ; c'est que dans l'essence se trouvent en
effet les premiers fondements de toute philosophie : vérité,
certitude, nécessité. Suarez l'a dit fort justement : « Il n'y a
rien de si contingent qui n'ait en soi quelque nécessité : *Nil
adeo contingens est quin in se aliquid necessitatis ha-
beat* [1]. » L'existence actuelle, c'est le contingent ; mais l'essence, c'est le nécessaire. Pourquoi cela ? Parce que l'existence actuelle dépend de la volonté libre de Dieu, mais
l'essence représente les possibilités des choses fondées sur
sa nature éternelle.

C'est une chose que l'on ne comprend plus aujourd'hui en
dehors des mathématiques. On raisonne très subtilement sur
les faits. A la vue du moindre caillou, on vous dira quels
hommes ont vécu dans cet endroit, combien ils étaient, quelle
était leur civilisation, quelles leurs habitudes, etc. A l'inspec-
tion d'une raie du spectre, on vous dira que telle matière
est dans tel astre, en tel état. Très bien ! mais ce n'est pas
ainsi qu'on s'élève aux principes généraux indispensables à
toute science. Vers ceux-ci, on ne connaît aujourd'hui qu'une
voie, l'induction. Eh bien ! la scolastique nous montre
une autre route pour y atteindre, c'est l'abstraction. Rendre
l'essence universelle en l'abstrayant et en développer les
conditions essentielles, voilà la source des vérités fondamentales. Source bien supérieure à l'induction, car les vérités
que donne l'induction sont le plus souvent provisoires, un fait
imprévu vient quelquefois bouleverser une loi fondée sur
une série d'innombrables faits : ce qui est fondé sur l'essence
est absolument inébranlable, car l'essence est toujours semblable à elle-même.

L'axiome a donc une valeur rigoureusement scientifique ;
il est la base de toute certitude. On vante aujour-
d'hui les mérites de l'observation. Je pourrais dire que

[1] *Disp. met.*, I.

l'axiome est une partie de l'observation : il a été recueilli dans le fait. Mais c'est le fait considéré dans son essence, élevé dans une région sereine où rien ne change et où tout demeure. L'essence est immuable de sa nature. Il est possible qu'elle ne soit jamais réalisée, elle n'en est pas moins ce qu'elle est, et ne peut être autre. Que l'univers physique disparaisse, il n'y aura peut-être plus ni tout ni partie ; il n'en sera pas moins éternellement vrai que le tout est plus grand que la partie ; et l'intelligence qui aura vu une seule fois un tout et une partie, connaîtra éternellement cette vérité.

CHAPITRE II

ORIGINE DE L'IDÉE DE CAUSE
ET DU PRINCIPE DE CAUSALITÉ

Lorsqu'une nation veut développer ses relations commerciales, elle fonde des banques et crée des billets de banque. Les billets centuplent la puissance financière d'un pays. Avec un capital d'un milliard en numéraire vous ne pouvez suffire qu'à des opérations restreintes. Ajoutez à ce capital une émission de billets suffisante, sa puissance devient pour ainsi dire infinie. Certains économistes se sont imaginé que l'émission pouvait être sans limites. C'est une erreur : les désastres de Law et de notre révolution l'ont bien prouvé. L'émission est soumise à cette règle, que le remboursement en espèces soit toujours assuré. Si le public se méfie, le billet n'est plus qu'un embarras, chacun cherche à s'en délivrer. Au contraire, le remboursement est rarement demandé dès que chacun se tient pour assuré qu'il est possible.

Nos idées générales sont comme des billets de banque : elles centuplent la puissance de l'esprit. Mais il ne faut pas qu'elles soient suspectées ; il faut une réalité derrière pour les garantir. Nous ne leur accordons de valeur que par la conviction qu'elles représentent un côté des faits. Otez cette conviction, le doute envahit tout ; il n'y a plus de science, à proprement parler.

Un des plus gros billets en ce genre est certainement l'idée de cause. Avec elle nous achetons presque tout notre trésor intellectuel : science, religion, arts même et industrie. La science n'est que la connaissance des causes ; la religion est l'amour et le culte de la cause première ; l'art et l'industrie ne sont qu'un bon emploi des causes à notre disposition. Sans l'idée de cause, l'intelligence humaine serait presque complètement stérile. Autrefois on s'en servait de confiance ; personne n'en doutait, et on s'inquiétait peu de savoir pourquoi on n'en doutait pas. Mais un jour Hume s'est avisé que nous ne connaissions rien dans les faits qui correspondît à l'idée de cause. Aussi l'esprit humain s'est mis en méfiance, d'autant plus facilement que certaines applications de cette idée ne laissent pas que d'être gênantes pour l'orgueil et les passions.

Kant essaya de défendre l'idée de cause ; mais il le fit d'une manière si malheureuse, qu'il la compromit encore davantage. Il crut faire merveille de montrer que cette idée enferme une nécessité absolue, et qu'une telle nécessité ne peut se trouver dans les faits. Nous avons vu déjà ce qu'il faut penser d'une telle impossibilité. Quoi qu'il en soit, il conclut, non qu'il faut écarter l'idée de cause, mais qu'il faut s'y abandonner comme à une notion naturelle, une idée *a priori*. L'intelligence est ainsi faite, qu'elle applique cette idée toutes les fois que l'occasion se présente. Elle est dans le vrai, car la vérité n'est que la fidélité de l'esprit à ses propres lois.

Cette manière subjective d'entendre la vérité était trop contraire à nos aspirations naturelles pour qu'elle pût nous rassurer. Aussi l'argumentation de Kant a-t-elle eu pour effet d'accroître le discrédit des idées générales. Les philosophes de son école n'ont pas manqué, et ne manquent pas, de représenter l'idée de cause comme une idée aussi naturelle que l'on voudra, mais n'ayant qu'une valeur d'opinion. On y a foi, c'est tout ce qu'on en peut dire. Ce n'est point une base scientifique pour le raisonnement ; il faut n'y voir qu'une conjecture ou une hypothèse ; tout au plus, comme nous l'avons dit précédemment, un postulat instinctif de la raison.

Évidemment, Kant a manqué le but : il n'a pas réfuté Hume ; loin de là, il l'a confirmé. Nous ne pouvons cependant rester sous le coup de cette critique négative qui atteint tout ce qu'il y a de plus élevé dans la vie humaine. Force nous est de reprendre la question au point où Kant l'avait trouvée. Quelle était l'objection ? Hume avait pris un à un tous les faits dont le monde physique est le théâtre. Aucun, disait-il, ne renferme l'idée de cause ; toutes les fois que nous leur appliquons cette idée, c'est pour ainsi dire du dehors. Les faits n'offrent qu'un caractère appréciable, celui de succession. Quand la succession est constante, nous disons, toujours d'après Hume, qu'il y a causalité. L'idée de cause n'est donc, conclut-il, que celle de succession constante amenée par l'habitude à prendre un caractère particulier dans notre esprit.

Cette critique de Hume, Locke l'avait préparée sans le vouloir. Locke avait relevé le principe des scolastiques, que toute idée vient des sens. Mais il n'avait pas tenu compte de la profonde différence mise par les docteurs entre les deux manières d'envisager les faits : constater leur existence, ou se rendre compte de leur essence. Il ne prenait donc que le fait brut, le fait existant ; et il pensait que le changement inclut par lui-même l'idée de cause. Hume n'eut pas de peine à montrer que l'idée de changement n'est point identique à celle de cause, mais fournit seulement une occasion de l'appliquer.

Dans sa critique, Hume allait tout droit contre un principe fondamental du sens commun. Il y a plus de deux mille ans qu'Aristote signalait comme un sophisme le fait de prendre l'antécédent pour la cause : *cum hoc, ergo propter hoc.* Que demande-t-on, quand on demande la cause ? On ne demande pas simplement ce qui précède ; on sait bien que beaucoup de phénomènes se suivent sans avoir entre eux aucun rapport de causalité. Le jour n'est pas cause de la nuit, le repos n'est pas cause du mouvement, ni la santé de la maladie. Quand on demande la cause, on demande un antécédent d'une nature particulière, celui qui est apte à produire le conséquent. Il faut que la cause contienne en quelque manière l'effet avec la puissance de le dégager. La succession seule ne prouve rien, alors même qu'elle est constante. Sa constance ne fait qu'indiquer une probabilité que l'aptitude à produire existe. D'où vient donc cette idée de puissance et de production qui est au fond celle de cause efficiente ? Hume ne savait pas l'indiquer ; il trouvait plus commode de la nier, sans souci de défigurer l'idée qu'il critiquait et de tronquer la notion qu'elle représente à l'expérience intime. Et Hume se prétendait philosophe empiriste!

La théorie de Hume a été recueillie par Stuart Mill et par l'école positiviste. On l'a agrémentée en l'appuyant sur le système de l'évolution. Hume paraissait croire que l'idée de cause se forme en nous par notre expérience personnelle, aidée peut-être de l'éducation. Les positivistes enseignent aujourd'hui qu'elle est le résultat d'expériences accumulées pendant un nombre immense de générations. Qui pourrait cependant citer un fait authentique d'expériences transmises d'intelligence à intelligence par la voie de l'hérédité?

Dans l'école criticiste, on altère également l'idée de cause d'une étrange manière. Voici comment un des maîtres de l'école, M. Lachelier, établit la nécessité de la cause efficiente: « La question de savoir comment toutes les sensations s'unissent dans une seule pensée est précisément la même que de savoir comment tous les phénomènes composent un seul univers. Il est vrai que cette dernière unité est plus facile à admettre qu'à comprendre.... Ce n'est donc pas dans une liaison contingente, mais dans un enchaînement nécessaire, que nous pouvons trouver enfin l'unité que nous cherchons. C'est parce que tous les phénomènes simultanés sont, comme le dit Kant, dans une action réciproque universelle, qu'ils constituent un seul état de choses, qu'ils sont de notre part l'objet d'une seule pensée ; c'est parce que chacun de ces états n'est en quelque sorte qu'une nouvelle forme du précédent, que nous pouvons les considérer comme les époques successives d'une seule histoire, qui est à la fois celle de la pensée et celle de l'univers. Tous les phénomènes sont donc soumis à la loi des causes efficientes, parce que cette loi est le seul fondement que nous puissions assigner à l'unité de l'univers et que cette unité est à son tour la condition suprême de la possibilité de la pensée[1]. » Ne voilà-t-il pas la nécessité de la cause efficiente bien établie, parce qu'elle serait la condition d'une unité de l'univers plus facile à admettre qu'à comprendre! Quel besoin avons-nous de cette

[1] Thèse sur le *Fondement de l'induction*, p. 52-54.

unité ? Est-ce que nous connaissons l'univers par une seule pensée ? Ne le connaissons-nous pas plutôt comme un agrégat dont l'expérience nous révèle successivement les diverses parties ? Dieu seul, dit S. Thomas, a le privilège de tout voir sous une seule pensée, qui est la pensée de lui-même.

Laissons ces formules nuageuses empruntées à l'Allemagne, et qui paraissent profondes parce que leur obscurité empêche d'en voir le fond.

Signalons encore une méprise au sujet de l'idée de cause, méprise qui n'altère pas sans doute l'idée en elle-même, mais qui peut égarer dans la recherche de son origine. Beaucoup d'auteurs spiritualistes, animés d'excellentes intentions et très désireux de mettre l'idée de cause à l'abri de toutes les attaques, s'imaginent y être parvenus en l'appuyant sur celle de raison suffisante. Toutes les fois, disent-ils, qu'un fait apparaît à l'esprit, l'esprit veut une explication, car il n'admet rien sans raison ; il faut donc une raison suffisante à l'apparition du fait; et cette raison, nous l'appelons cause. — C'est très justement raisonner. Nous croyons cependant devoir prévenir ces auteurs qu'ils font fausse route.

S'il s'agissait de produire un argument pour démontrer logiquement ce principe : *tout effet veut une cause*, la démonstration par le principe de raison suffisante serait sans doute assez présentable. Resterait à se demander si on a profité en quelque chose par cette démonstration, et si le principe de raison suffisante est plus manifeste et plus clair que le principe de causalité.

Mais ce que nous cherchons, ce que la critique de Kant nous impose la nécessité de trouver, c'est une relation du principe de causalité avec les faits, c'est une preuve qu'il s'applique légitimement aux faits et qu'il vaut hors de l'intelligence. Il est clair que le principe de raison suffisante ne nous donnera point cette preuve : il aurait besoin d'une preuve lui-même. Que notre esprit cherche en toutes choses une raison qui les lui explique, cela n'est pas douteux; mais que ce besoin de la raison réponde certainement à une nécessité dans le fait extérieur, voilà ce qu'un kantiste

refusera d'accorder. Quiconque aura soutenu que l'idée de
cause n'est qu'une forme subjective de l'esprit, aura au
moins autant de motifs de contester l'objectivité de la notion
de raison suffisante. Que dis-je ? le principe de raison suffisante est certainement plus subjectif que le principe de
causalité. Celui qui parle d'effet et de cause pense surtout
aux choses ; celui qui parle de raison suffisante pense
surtout aux nécessités de l'esprit.

Quelques personnes, il est vrai, ont promis d'appuyer le
principe de raison suffisante sur le principe de contradiction. Elles l'ont promis, mais ont-elles tenu parole ? Leurs
raisonnements nous ont paru insaisissables. Comment réduire
l'un de ces principes à l'autre ? leur contenu est différent.
Sans doute, le principe de contradiction est la garantie de
tous les autres, nous l'avons reconu plus haut. Mais ceux-
ci n'en ont pas moins leur caractère particulier, qu'ils pui-
sent dans la nature de leur objet et que le principe de contradiction ne saurait expliquer.

Au fond, le principe de raison suffisante n'est point une
idée primitive ; c'est une abstraction plus grande, qui comprend sous une formule plus compréhensive les deux principes d'efficience et de finalité. Inconnu au sens commun
vulgaire, il est relativement nouveau en philosophie. Nous
ne croyons pas qu'il ait été dégagé explicitement avant
Leibnitz. Si un axiome quelconque peut être fondé directement sur la nature des faits, ainsi que nous l'avons soutenu
avec les scolastiques, ce n'est donc pas celui de raison suffisante, c'est bien plutôt celui de causalité. La notion de
raison suffisante nous éloigne de notre but : nous cherchons
l'objectif, elle nous mène en plein subjectif ; nous cherchons
le concret, elle nous égare dans l'abstrait. Comme toutes
les notions très générales, elle efface le caractère propre et
distinctif des notions subordonnées. Or, c'est précisément le
caractère propre et distinctif de l'idée de cause qui nous est
nécessaire. Il s'agit en effet de trouver si ce caractère se
rencontre dans les faits. Quand nous l'aurons trouvé, quand
nous aurons donné une base solide et objective à l'idée de
cause, il nous sera facile, en suivant la méthode indiquée

par les scolastiques, d'en déduire la valeur universelle et nécessaire du principe de causalité.

Qu'est-ce donc que l'idée de cause efficiente ? Pour avoir la notion juste d'une chose quelconque, il faut s'adresser à S. Thomas d'Aquin. C'est toujours chez ce grand docteur que l'on trouve les vues les plus claires et les définitions les plus exactes. Que dit-il donc de la cause ? La cause, dit-il, est efficiente en tantqu'elle agit : *efficiens est causa in quantum agit*[1]. Le caractère propre de la cause efficiente, de celle que nous appelons aujourd'hui simplement la cause, c'est donc l'action. Suarez sur ce point est d'accord avec le Maître. Il définit la cause: le principe dont l'effet dépend par une action, *principium a quo pendet effectus per actionem*[2]; et il ajoute, affirmant énergiquement sa manière de voir, que la causalité de la cause efficiente, ce qui la constitue comme telle, et la rend actuelle, c'est l'action et non autre chose : *Id est causalitas causæ agentis quod illam constituit, vel potius determinat actu agentem ; sed hoc est actio, nihilque aliud esse potest*[3]. Il est donc clair que d'après la doctrine traditionnelle l'action est le caractère propre et spécifique de la cause efficiente, celui qui la distingue de tous les autres principes de l'être.

Remarquons que, dans ces passages, le mot action ne signifie pas le terme ou le résultat d'une activité, comme qui dirait une bonne ou une mauvaise action ; il signifie l'activité même ou l'énergie qui procure ce résultat.

Je sais que l'on pourrait faire une objection à la définition de Suarez. Il définit la cause par l'effet. Ne pourrait-on aussi bien définir l'effet par la cause ? Il y a là l'apparence d'un cercle vicieux. Le P. de Regnon, qui a si profondément creusé ces matières, l'évite facilement. Il définit l'effet : le *terme de l'action* ; et la cause : le *principe de l'action*[4]. Les deux notions sont ainsi définies par une troisième, qui est leur lien commun et leur raison d'être. Je ne crois pas que

(1) *Comment. sur la Métaph.*, 5, 2.
(2) *Disp. met.*, 18.
(3) *Ibid.*
(4) *Mét. des causes*, p. 100.

l'on ait jamais donné de la notion de cause une définition plus exacte et plus claire.

Voilà ce que dit la scolastique. Que dit la philosophie indépendante ? Quand elle n'est pas égarée par des subtilités ou des préventions, elle tient exactement le même langage. Reid, dans ses *Essais sur l'entendement humain*, traite les termes de cause et de puissance active comme synonymes, et les emploie indifféremment l'un pour l'autre.

Il est donc bien entendu que la notion de cause est une application de l'idée d'activité. Le P. Harper[1] fait remarquer qu'elle n'est pas identique à l'idée d'activité ; je n'en disconviendrai pas. Elle ajoute une circonstance spéciale : on ne parle guère de cause que si l'activité s'exerce à l'extérieur. Mais il n'en est pas moins vrai que la notion d'activité est la marque spécifique, je pourrais dire la substance de la notion de cause efficiente. Si toute cause, au sens d'Aristote, concourt à constituer la réalité de l'effet, la cause efficiente est celle qui y concourt par son activité.

N'est-ce pas l'idée que chacun se fait naturellement et spontanément de la notion de cause? Quand êtes-vous sûr qu'il faut en appeler à une cause ? C'est toujours quand vous rencontrez le signe certain d'une action. Vous entendez derrière vous un bruit de pas précipités : vous concluez avec certitude qu'un homme vous suit. Vous voyez un treuil en mouvement : vous ne doutez pas que quelqu'un n'agisse sur le treuil. Quand l'action est manifeste, l'idée de cause est immédiatement suggérée. Les enfants font comme nous : quand leur esprit s'éveille et qu'ils accablent de leurs *pourquoi* les personnes qui les conduisent, c'est d'abord à propos de tout ce qui se meut ou agit qu'ils demandent la cause, à propos d'un bruit qui les frappe, d'une roue qui tourne, d'un bateau qui marche. Ce n'est que beaucoup plus tard qu'ils demandent la cause des objets qu'ils voient toujours autour d'eux. Quand l'action n'apparaît pas, ce n'est que la réflexion ou l'analogie qui conduisent à l'idée de cause.

Les scolastiques ont plusieurs aphorismes auxquels on ne

(1) *Met. of School*, t. 3.

fait pas assez attention et qui ne s'expliquent que parce que
le fond de la causalité est l'action. Ainsi, ils disent la cause
simultanée avec l'effet : *causa est simul cum effectu* ; ils
disent encore que la cause cessant l'effet cesse : *cessante*
causa, cessat effectus. La raison en est qu'il n'y a vraiment
cause et effet que lorsqu'il y a action. L'action cessar t, il n'y
a plus ni effet ni cause à proprement parler, puisque la cause
est le principe, et l'effet le terme de l'action.

Ces aphorismes sont parmi ceux qui étonnent le plus les
commençants. Nous avons en effet l'habitude d'appeler cause
l'être lui-même auquel l'effet doit son origine, et effet l'être
lui-même qui doit son origine à la cause. Or, dans le cercle
de notre expérience restreinte, nous voyons l'être cause pré-
exister à l'action, et l'être effet persévérer après l'action. Ces
appellations sont inexactes, et cette inexactitude a beaucoup
contribué à voiler la véritable valeur de la causalité. En
réalité, un être n'est cause qu'au moment où il agit et en tant
qu'il agit ; un effet n'est effet qu'au moment où il est produit
et en tant qu'il est produit. Nous disons que l'horloger est
cause de la montre qu'il nous vend : ce n'est pas un langage
rigoureux. L'horloger n'a été cause de la montre qu'au
moment où il en assemblait les matériaux. Alors il agissait,
il y avait action.

Mais il arrive souvent que l'effet dont nous sommes
témoins est dû, sans que nous le remarquions, à plusieurs
causes. Nous ne connaissons directement aucune cause totale, aucune à qui l'effet doive tout. C'est pourquoi nous
voyons l'effet persévérer après la disparition de la cause qui
l'a provoqué ; il dure en vertu des autres causes qui le sou-
tiennent. Si nous connaissions un effet qui tienne tout de sa
cause, nous le verrions cesser comme l'action de cette cause.
Le monde tient tout de la parole créatrice ; que cette parole
se taise, à l'instant le monde s'abîme dans le néant : *cessante*
causa, cessat effectus.

L'effet et la cause sont donc rigoureusement simultanés,
puisqu'ils le sont à l'action. C'est l'action même qui les constitue l'un comme effet, l'autre comme cause. La cause qui
n'agit pas n'est pas cause, l'effet qui n'est pas fait actuel-

lement n'est plus effet au sens rigoureux des termes. L'action est le lien qui les unit indissolublement. Pas d'action, pas d'effet ; pas d'action, pas de cause : *causa est efficiens in quantum agit.*

Il me paraît bien établi que l'action est le fond de la causalité. On pourrait définir la cause : *une activité s'exerçant au dehors.*

D'où vient cette idée d'activité ? Il ne sera pas difficile de le déterminer, et de montrer par là même d'où nous vient l'idée de cause.

Nous accorderons à la critique de Hume que cette idée n'apparaît pas nettement dans les phénomènes extérieurs. Il y a bien une certaine activité physique ; c'est de celle-là même qu'a été pris le mot activité : *agere* a d'abord signifié pousser, mettre en mouvement. Toutefois, cette activité physique ne nous est connue que par des manifestations superficielles. Nous ne pénétrons pas dans sa nature intime. Ce n'est donc pas elle qui peut nous donner l'idée essentielle d'activité.

Retournons-nous donc vers nous-mêmes, car nous sommes à nous-mêmes l'enseignement le plus complet et le plus élevé. Si nous nous considérons, nous ne trouvons de toutes parts que des témoignages d'activité.

Est-ce que toutes les manifestations de notre être ne sont pas autant de faits d'activité ? Nous sommes actifs en voulant, nous sommes actifs en remuant nos membres, nous sommes actifs même en pensant. La pensée qui atteint l'être connu, ne l'atteint qu'en produisant en soi la ressemblance vitale et intentionnelle de cet être. Elle est en elle-même un acte, un acte semblable à son objet, ce que la scolastique appelle *verbum mentis*, le verbe. Elle est donc une réalité produite en nous et par nous, c'est-à-dire par excellence un fait d'activité et de fécondité ; si bien qu'après saint Jean, la tradition catholique a pris ce fait pour l'image de la génération du Verbe éternel. Même dans nos passions, nos émotions, nos sensations, il y a un élément d'activité ; notre âme n'y est pas seulement passive ; elle réagit, elle exerce une opération.

En un mot, nous avons autant de genres d'activité que de genres de vie: vie physique, vie intellectuelle, vie morale. Nous nous voyons vivre, nous nous voyons féconds et actifs, nous savons donc ce qu'est l'activité.

Parmi ces types d'activité interne, certains philosophes ont cru devoir en choisir un qu'ils ont exclusivement présenté comme l'origine de l'idée de cause. C'est la méprise où est tombé Cousin : il n'a cherché le type d'activité que dans la volition. Il s'exposait par là même à ne pas distinguer suffisamment le caractère spécial de la volonté du caractère général d'activité. Il a donné occasion de ne considérer la causalité physique que comme une volonté obscurcie et diminuée. Telle était l'idée qu'exprimait Sainte-Claire Deville, l'éminent chimiste, métaphysicien à ses heures : il envisageait la force dans la nature comme une sorte de volonté inconsciente. Cette tendance se retrouve dans le beau rapport de M. Ravaisson sur la philosophie en France. Enfin, Schopenhauer a fait de la volonté le fond de toutes choses. Nous ne saurions partager une telle manière de voir, qui nous paraît empreinte d'anthropomorphisme.

Nous attachons au contraire une grande importance à nous appuyer à la fois sur tous les genres d'activité qui apparaissent dans l'âme. Nous obtenons ainsi plus pure l'idée générale que nous cherchons. Chaque nature d'activité a un cachet spécial, mais toutes ont un caractère commun, qui est précisément le type essentiel et générique d'activité. La causalité ne répond pas au type spécial de la volonté, mais à ce type générique appliqué aux actions transitives. En quoi consiste ce type ? Il consiste essentiellement dans l'idée de fécondité et de production. Être actif, c'est produire, c'est donner l'être, c'est réaliser ce qui n'était pas. C'est précisément ce que nous remarquons en nous. Toutes nos démarches se terminent à la réalisation de quelques faits nouveaux: pensée, volition, émotion. Le mode de production est divers pour chaque espèce d'activité, mais toutes ont ce caractère général d'être fécondes, d'amener à l'existence actuelle quelque chose qui n'existait pas.

Si donc le fond de la causalité est activité, si le rôle essentiel de la cause est de produire, en voilà le type ; nous le trouvons en nous-mêmes. Et en étudiant ce type, nous sommes amenés à cette autre définition de la cause qui se rencontre dans Suarez : la cause est ce qui donne l'être à une autre chose : *causa est principium per se influens esse in aliud*[1]. Elle donne l'être, soit l'être total, si elle est absolue ; soit l'être spécifique ou simplement accidentel, si elle est cause subordonnée. Mais toujours elle amène quelque chose à être, c'est en cela même qu'elle est active et qu'elle est cause.

On nous fait une objection qui a déjà été formulée par Reid et qui se trouve reproduite par un jeune et éminent professeur de philosophie, M. Fonsegrive, dans son beau livre sur le libre arbitre. Vous voyez bien en effet vos actes, dit-il, et à chaque instant apparaissent en vous des actes nouveaux ; mais vous ne voyez pas la puissance qui les produit. Qu'est-ce que cette puissance en elle-même ? Surtout vous ne voyez pas le moi qui produit ; sa nature vous est inconnue, vous n'en jugez que par induction. Vous êtes actifs, je le veux bien, mais vous n'avez pas sous les yeux le spectacle complet de votre activité ; ici comme ailleurs, vous ne voyez que des résultats.

On voit que ces penseurs reportent sur les actes de l'âme l'objection présentée pour les actions physiques et transitives. Mais le cas est bien différent. On peut voir l'effet transitif séparé de sa cause : il a une existence en dehors de cette cause. On ne saurait voir de même l'acte immanent, par la raison que l'acte immanent n'existe que dans le sujet même qui le produit et comme modification de ce sujet. Qui voit l'acte voit le sujet, en tant du moins que le sujet est caractérisé par cette modification. Il en saisit l'existence à ce point de vue, encore qu'il n'en pénètre pas la nature essentielle. De même, il connaît la puissance. Sans doute, il ne saisit pas la puissance à part et en elle-même : on ne peut saisir une puissance que dans son acte ; mais l'acte immanent n'est pas autre chose que la puissance elle-même s'incarnant dans une certaine modalité. Quand je pense, c'est mon intelli-

---

(1) *Disp. met.*, 18.

gence elle-même qui se réalise sous une certaine forme ;
mon intelligence est donc bien présente dans ma pensée, et
je puis bien y connaître son caractère essentiel. Mais d'un
autre côté, elle n'existe que de mon existence. Je connais
ainsi d'un même coup ces trois choses : le moi, sa puissance,
et l'acte de cette puissance. J'ai sous les yeux le spectacle
complet de mon activité ; j'assiste à la production de mon
acte. Par le fait même que je sais que je pense, je sais que
je suis et que j'agis. Descartes sur ce point a raison, et
S. Thomas n'a pas dit le contraire.

S. Thomas a bien remarqué que l'intelligence se porte
avant tout vers l'objet connu ; c'est un fait d'expérience.
Mais il ajoutait que par réflexion l'intelligence connaît son
acte, et par suite se connaît elle-même. Il enseignait express-
sément que l'âme se connaît par son acte, mais qu'elle ne
saisit point directement sa nature spécifique, si elle est simple ou composée, matérielle ou immatérielle; ceci ne peut être
connu, dit-il, que par une étude attentive et difficile : *dili-
gens et subtilis inquisitio*[1]. Il reste donc que nous nous connaissons imparfaitement — que connaissons-nous d'une manière parfaite? — mais très suffisamment pour nous savoir
actifs, pour nous voir agir, pour savoir ce qu'est essentiellement l'activité. Et si nous tenons l'idée d'activité, nous
tenons l'idée de cause, car la cause n'est que l'exercice
d'une certaine activité pour réaliser quelque chose d'extérieur. Nous la tenons telle que nous la connaissons dans la
pratique, idée qui préexiste dans notre esprit et que les faits
nous invitent à appliquer. Mais elle préexiste, parce que
nous avons d'abord été témoins de notre activité, et que
nous nous sommes vus produisant certains faits. Quant un
fait qui nous est étranger se présente, nous sentons qu'il est
incomplet, qu'il y manque quelque chose. Nous ne voyons
pas le producteur, c'est pourquoi nous cherchons à le découvrir ; et dans cette recherche, nous l'appelons la cause.

Voilà donc l'origine de la notion de cause établie, voilà
sa nature constatée dans un fait d'expérience intime. On ne

(1) *Sum. th.*, I, 87, 1.

saurait donc dire qu'elle est une idée subjective fabriquée par l'intelligence avant toute connaissance des faits. Une telle hypothèse est aussi inutile qu'elle est dangereuse, puisqu'il existe des faits nous révélant le type de l'idée de cause. Il s'agit maintenant de montrer que ces faits nous autorisent à faire du principe de causalité un principe universel et nécessaire.

Pour cela, nous n'avons qu'à appliquer à nos faits d'activité intime la méthode scolastique que nous avons exposée plus haut.

Lorsque l'intelligence s'éveille pour la première fois, elle se porte tout d'abord vers les objets que lui présente la sensation. Mais aussitôt elle revient sur elle-même ; elle se voit sentir, penser, vouloir, produire une foule de phénomènes dont elle est la source inépuisable. Elle se voit féconde, productrice et active. En un mot, elle saisit en soi des faits d'activité, elle se sent agir.

Mais agir, aussi bien qu'être, est une certaine nature, ou mieux un certain mode des choses ; ce mode a son caractère propre, son essence ; et rien ne nous empêche d'envisager cette essence à part, de faire abstraction du temps et du lieu où elle se manifeste, des caractères particuliers qui la diversifient dans les différents faits. Elle nous apparaît donc comme une notion universelle, mais prise dans certains faits, reproduisant un de leurs caractères essentiels et pouvant se rencontrer dans un nombre indéfini de faits.

Cette notion universelle implique des conditions nécessaires, sans lesquelles elle serait inconcevable. Ainsi, l'activité nous apparaît impossible et inconcevable sans un terme et un sujet. Elle n'est en effet autre chose qu'une certaine dépendance, quant à l'être, du terme vis-à-vis du sujet. L'être de l'un se dégage sous l'influence de l'autre ; le fait n'est réalisé qu'en tant que le sujet le réalise. Ôtez cette dépendance et ce lien, il n'y a plus d'activité. Nous pouvons donc poser, et dans le fait chacun pose comme un axiome évident : *toute action veut un sujet.* Concevez une action qui ne serait faite par personne : une pensée, et personne qui pense une volonté, et personne qui veut ; un coup frappé, et per-

sonne qui frappe; en un mot, un verbe quelconque sans sujet : cela ne voudrait rien dire, cela ne signifierait absolument rien.

Voilà donc une autre vérité nécessaire différente de
l'axiome de contradiction. De même qu'en connaissant l'ê-
tre nous le concevons comme inconciliable avec son contraire le néant, de même en connaissant l'action nous la
concevons comme impossible sans un sujet. Toutefois, nous
ne procédons pas ici par voie d'identité, ou d'opposition,
mais par voie de connexion nécessaire ; le sujet n'est pas
identique à l'acte, il en est le fondement indispensable.
L'axiome dont nous parlons ne peut donc dériver de l'axiome
de contradiction, puisqu'il est d'une autre nature ; mais
l'axiome de contradiction le confirme, en ce sens que le
sujet est indispensable à l'action parce que sans lui elle ne
serait pas une action.

C'est ainsi que deux faits généraux résument la nature
entière : être et agir ; et deux principes fondamentaux domi-
nent et règlent toutes nos connaissances ; le principe de contradiction, *aucune chose ne peut être et ne pas être en même
temps*, et le principe d'activité, *toute action veut un sujet*.
Ces deux principes sont tous deux universels et nécessaires
au même titre, comme représentant l'un et l'autre les conditions nécessaires et intégrantes d'une nature conçue uni-
versellement.

Mais, si nous considérons cet axiome : *toute action veut
un sujet*, nous remarquerons que l'action peut dépendre du
sujet à deux points de vue. Elle en peut dépendre parce
qu'elle est une modification du sujet, n'existant que de son
existence ; elle en peut dépendre aussi parce qu'elle relève
de la vertu du sujet. Le premier mode de dépendance est
commun aux actions de notre âme et à beaucoup d'autres
phénomènes, le second est spécial aux actions et constitue
proprement l'activité. Ces deux modes sont réunis dans les
actions immanentes de notre âme, mais ils ont un caractère
nettement différent et il est possible de les concevoir séparés.

Si vous me demandez auquel des deux points de vue
l'axiome posé plus haut est universel et nécessaire, je ré-

pondrai qu'il l'est aux deux points de vue. Nous ne concevons pas plus une modification sans sujet qu'une activité
sans sujet. La grammaire, qui est la logique du sens commun,
nous dit que le sujet est ce qui est ou fait quelque chose.
Etre ou faire ne se conçoivent pas plus l'un que l'autre sans
un sujet qui soit ou un sujet qui fasse.

Le sujet d'être est la substance. Tout phénomène veut une
substance; à moins qu'il ne soit substance lui-même, car
la substance s'oppose au phénomène comme ce qui a l'être
en propre à ce qui ne l'a pas. M. Taine et d'autres penseurs
contemporains prétendent qu'il n'y a que des phénomènes.
Ils se trompent d'expression; et l'on a grand tort, logiquement parlant, de les appeler phénoménistes. S'il n'y a que
des phénomènes, ils ont nécessairement l'être en propre, et
ces phénomènes là, Mgr d'Hulst l'a très bien fait remarquer,
ce sont en réalité des substances.

Le sujet de faire, quand il ne s'agit pas d'actes immanents,
s'appelle la cause. Je dis quand il ne s'agit pas d'actes immanents, bien qu'on emploie quelquefois le mot dans un sens
plus large et que l'on dise l'âme cause de ses propres pensées. Mais, pour prévenir les difficultés, je me renferme dans
l'acception la plus ordinaire. La cause est donc ce qui fait
ou produit quelque chose distinct de soi. Mais si *toute activité veut un sujet*, il est clair que ce principe vaudra dans
toutes les circonstances où l'idée d'activité est en jeu. L'effet
n'est que le terme de la production *ad extra*; cette production est un fait d'activité; elle veut un sujet; donc tout effet
appelle une cause. Ce principe est universel et nécessaire,
parce qu'il est l'application du principe plus général, universel et nécessaire lui-même: *toute action veut un sujet*. Ce
dernier principe est peu en usage sans doute, on ne le voit
guère invoqué: c'est qu'il n'est utile que lorsque le fait apparaît séparé du sujet; et alors il prend la forme du principe de
causalité.

Il me semble que nous avons tenu notre promesse. Nous
avons dit que nous pouvions montrer dans le principe de
causalité un axiome, dérivé d'un fait, exprimant les condi-

tions nécessaires de ce fait. Il est, comme on le voit, une forme de cet axiome dont il est impossible de constater l'évidence : *toute action veut un sujet*. La cause n'est qu'un principe d'action et n'est constituée telle que par l'action. Or l'action est inconcevable sans sujet. L'axiome de causalité n'est donc que l'interprétation spontanée, dans un cas spécial, des conditions nécessaires du fait d'activité que nous saisissons en nous. Il est nécessaire, puisque ces conditions sont essentielles et indissolublement liées ; il est objectif, puisqu'elles sont prises sur le fait.

Mais voici une difficulté. Pour concevoir ainsi les choses, il faut définir l'effet : *le terme d'une action*, ou, équivalemment : quelque chose qui est fait ou produit. C'est dire, en définitive, que ce qui est produit appelle un producteur. Cela ne va-t-il pas de soi, et n'est-ce pas une tautologie ? D'ailleurs, comment s'assurer qu'un fait est le terme d'une action qu'on ne connaît pas ?

Pardon ! ce n'est point une tautologie. Il y a tautologie quand on désigne le même objet sous deux termes différents ; or les mots produire et producteur ne désignent pas identiquement la même réalité. Ils s'appellent l'un l'autre, assurément ; mais trouvez un axiome dont les termes ne s'appellent pas l'un l'autre : ce ne serait plus un axiome. L'axiome consiste précisément en ceci, que le sujet et l'attribut de la proposition sont liés indissolublement et ne peuvent se concevoir isolés.

Quant à s'assurer qu'un fait est le terme d'une action, nous en trouvons dans la nature un signe indiscutable, très facile à apprécier : c'est la nouveauté, ou le changement.

Remarquez qu'ici il ne s'agit plus de montrer que le principe de causalité est universel et nécessaire ; c'est acquis. Il s'agit d'une question de pure application : montrer dans quels cas, et à l'aide de quelles signes, s'applique le principe tel que nous l'avons défini, et, suivant l'expression de M. de Margerie, comment le phénomène peut être reconnu pour effet. Nous disons que tout phénomène, tout fait, toute chose en un mot, est un effet, quand son être

est acquis : ce qui se constate pratiquement par le changement, la nouveauté, l'arrivée à l'être.

Voyez, tout d'abord, quelle convenance étroite entre les
idées de changement et d'action. Qu'est-ce que le changement ? C'est l'arrivée à l'être de quelque chose de nouveau, quelque chose qui n'était pas et qui se réalise. Or
l'action, dans son essence, ne consiste pas en autre chose,
avons-nous vu, qu'à réaliser ce qui n'était pas. Deux figures
qui coïncident sont identiques ; deux faits dont le caractère
est le même ne seront-ils pas la même nature de faits ? C'est
un lieu commun de la philosophie d'Aristote que l'action et
la passion sont une même chose, et ne diffèrent que par le
point de vue. Qui voit la passion, voit l'action. Le changement est certainement une passion. Qui le voit, voit donc
l'action dont il est pour ainsi dire le revers ; il n'y a de différent que le point de vue où l'on est placé.

Si vous avez vu la campagne éclairée par le soleil, vous
n'aurez pas besoin de voir le soleil pour savoir qu'il brille ;
il vous suffira de voir la lumière resplendir sur les coteaux.
De même, quand vous aurez vu en vous l'action se manifestant par un changement, il vous suffira de voir hors de
vous le changement pour reconnaître l'action et conclure
qu'il y a une cause.

L'action, disions-nous plus haut, est une certaine dépendance du terme vis-à-vis du sujet. Ce n'est pas une dépendance purement morale, mais physique et pratique. Dans
le moment où l'action s'exerce, il y a quelque chose de réel,
comme une influence ou une vertu qui s'exerce de l'un sur l'autre. On peut considérer cette dépendance dans deux moments
logiques, ou dans son rapport avec le sujet d'où sort la vertu,
ou dans son rapport avec le terme où elle constitue le nouvel être. Celui qui la voit dans un acte immanent, la voit surtout dans son rapport avec le principe ; c'est le principe qui
nous intéresse ici, parce que ce principe est le *moi* et, dans
une certaine mesure, le but de toutes nos démarches. Celui
qui la voit dans le changement la voit dans son rapport avec
le terme. Mais ces deux moments sont solidaires. Toute vertu
qui part arrive en quelque lieu et se concrète dans un terme.

Toute vertu qui arrive témoigne par là être partie de quelque endroit qui est son principe. Une vertu ou une propriété qui est où elle n'était pas, qui arrive à quelque endroit, mais qui ne serait partie de nulle part, ce serait un contresens. Comment serait-elle partie d'un point où elle n'était pas ? Le point d'où elle est partie, c'est la cause.

Aussi, dans la pratique, qui dit activité dit changement, et nous ne parlons guère d'activité que pour désigner des séries de changements. Le vulgaire appelle surtout actif ce qui est en état de changement continu, ce qui se meut ; et nous disons que tout ce qui est mû a un moteur : *omne quod movetur ab alio movetur.* C'est une nouvelle forme du principe de causalité. Ce qui se meut, le mobile, passe d'une certaine puissance à l'acte de cette puissance ; et nul ne peut passer par lui-même de la puissance à l'acte, par la raison qu'on ne saurait se donner ce qu'on a pas. Ce qui donne, c'est la cause.

Il est quelquefois difficile d'expliquer philosophiquement ce que le sens commun saisit par un sentiment très délicat. L'intelligence naturelle voit les choses sous un certain aspect ; si cet aspect est modifié, elle sent qu'il manque quelque chose et elle le cherche ; mais la réflexion a souvent de la peine à préciser ce quelque chose. Ici toutefois le langage nous vient en aide ; le langage est le témoin de ce que l'esprit saisit naturellement. C'est, comme le remarque Condillac, une méthode générale et très parfaite d'analyse. Or le P. de Régnon a parfaitement relevé que dans la langue latine ces deux notions, devenir et être fait, arriver à l'être et être le terme d'une production active, s'expriment par le même mot : *fieri.* Ce sont en effet les deux faces de la même idée. Dans toutes les langues, l'idée du changement, de l'être nouveau, s'exprime par des verbes qui indiquent une action. Évitez, si vous le voulez, les verbes proprement actifs, ceux qui vous paraîtront préjuger la question, tels que produire, donner, recevoir : il vous faudra recourir aux verbes intransitifs, mais qui expriment encore une action, comme arriver, surgir, apparaître, etc. Il n'y a pas d'autre moyen d'expliquer le passage du non-être à l'être, parce que ce passage est proprement une action et se conçoit naturellement comme une action.

Mais une telle action ne peut être intransitive que dans la forme, parce que le terme apparu, n'existant pas préalablement, ne pourrait être le sujet de cette action.

L'idée d'effet et celle d'action sont tellement liées, que parfois nous employons indifféremment l'un des termes pour l'autre ; ainsi nous dirons également que le mouvement est une action, ou qu'il est un effet. Nous disons plus volontiers action, quand le phénomène passe avec la cause. Si la lumière dégage le carbone de l'acide carbonique dans les cellules chlorophylliennes, nous dirons que c'est une action de la lumière. Au contraire, si le phénomène survit à la cause, nous dirons qu'il est un effet ; la végétation sera considérée comme un effet de la lumière, en tant que celle-ci concourt à son développement. Mais, comme je l'ai fait déjà remarquer, cette manière de parler n'est pas métaphysiquement exacte. Le véritable effet, c'est la modification même que l'action introduit, dans le temps où elle l'introduit.

Ainsi, le changement est de sa nature identique à l'action c'est l'action pour ainsi dire retournée, prise par son terme. Le changement, la nouveauté de l'être est un témoignage non équivoque d'une action. Lorsqu'une chose est nouvelle, qu'elle commence, nous pouvons à coup sûr invoquer le principe de causalité, et dire : il y a là une action, donc un sujet et une cause.

Nous n'hésitons jamais à chercher la cause, quand le changement s'accomplit sous nos yeux. Mais il est des cas plus difficiles. Il est des objets stables dans lesquels l'expérience ne nous révèle aucune modification. Ces objets sont-ils causés ? Pour le savoir, il faut un raisonnement parfois profond. Ainsi, la matière nous offre toutes les apparences d'un fait permanent ; les anciens l'ont toujours crue éternelle. Il a fallu que la raison humaine fut avertie par la révélation ; alors elle a remarqué dans la matière même un caractère de nouveauté relative. La matière n'a point en elle-même la raison de son existence ; son existence et son essence sont liées expérimentalement, mais non par nature et par nécessité. Il a donc fallu que quelqu'un les unit ; ceci a été un changement, il y a eu conquête sur le non-être. Cette conquête étant permanente, elle a dû être le terme d'une action éternelle.

Dans l'univers, tout est action, et tout est pour l'action. Par là même tout repose sur des causes, et avant tout sur la cause première. L'action divine se déploie dans la trinité des personnes par une action immanente identique à l'essence même et à l'existence de Dieu. Au dehors, cette action devient créatrice et fonde les substances créées. Celles-ci ont à leur tour leurs actions qui se dégagent dans les faits. L'être est ainsi dans un travail incessant pour s'étendre ; là même est l'action, là est la causalité. Mais pour s'étendre, il faut qu'il existe : *nil agit nisi in quantum est actu.* L'être qui préexiste, c'est la cause ; son extension, c'est l'activité ; ce à quoi il s'étend, c'est l'effet.

Donc tout effet appelle une cause.

CHAPITRE III

LA CAUSALITÉ DIVINE

Nous avons montré dans les articles précédents comment se forment les premiers principes ou axiomes, et comment l'axiome de causalité, en particulier, est déduit des conditions essentielles de l'activité connues dans une expérience intime. Toute activité veut un sujet : c'est une évidence immédiate. La cause est le sujet d'une activité transitive connue seulement dans le terme où elle aboutit. Le principe de causalité est donc fondé sur la nature de choses constatées par l'expérience. Il n'est point surajouté par hasard à l'expérience ; il sort de ses entrailles et s'y applique légitimement.

Nous devons maintenant considérer les diverses natures de causes que nous pouvons atteindre. Il est une cause première, origine et soutien de toutes les autres : c'est Dieu. Il y a des causes créées qui animent ce monde et y entretiennent le mouvement et la vie. Nous devons étudier ces différentes causes, non dans les détails spéciaux qui relèvent des sciences particulières, mais dans leurs caractères généraux et métaphysiques. Nous rechercherons ensuite ce qui détermine les causes à leur action, et comment s'acquiert cette détermination. Nous verrons alors en quoi consiste essentiellement notre liberté.

Commençons par envisager la causalité divine, la première de toutes, la plus élevée, celle qui remplit le plus pleinement le caractère de cause.

La causalité divine n'est pas un objet d'expérience ; nous ne voyons pas Dieu. Il faut donc prouver d'abord son existence, et ensuite examiner son rôle dans le monde, rôle que l'on peut considérer sous trois aspects : ou Dieu produit les causes secondes, c'est la création ; ou bien il soutient ces causes dans l'existence qu'il leur a donnée, c'est la conservation ; ou enfin il coopère avec elles, c'est ce qu'on appelle le concours divin. Tous ces effets sont produits de Dieu par un acte unique, libre et éternel comme lui. Mais, parce qu'ils se réfèrent à des perfections diverses dans les créatures, on les envisage séparément, afin de bien établir que tout est dû à Dieu et que Dieu est tout à tous.

Y a-t-il vraiment un Dieu ? Des spiritualistes zélés ont cru pouvoir soutenir que cette vérité n'a pas besoin de démonstration. Est-ce que l'existence de Dieu ne s'impose pas à notre esprit, comme la lumière du soleil aux regards ? Est-ce que nous pouvons voir quelque chose sans voir celui en qui nous voyons tout ? Est-ce que l'idée de Dieu n'est pas gravée au fond de notre âme ? Qui pourrait l'arracher de ces profondeurs mystérieuses, un peu obscures peut-être, mais d'où jaillissent, grâce à cette notion fondamentale, tout ce que nous avons de lumière, d'intelligence et d'amour ?

Eh bien ! les scolastiques, qu'on ne saurait soupçonner d'éloignement pour l'idée de Dieu, n'admettent point cette solution trop facile. S. Thomas, à leur tête, déclare que Dieu est vraiment caché suivant la parole de l'Écriture, et que par les seules forces de notre esprit nous ne pouvons ni percevoir sa présence, ni atteindre à son essence. Non seulement l'homme ne le peut pas, mais l'ange ne le peut pas davantage, malgré la grande supériorité de sa nature. S. Thomas en donne une très belle raison, tirée du caractère même de l'acte intellectuel. L'intelligence ne connaît qu'en se rendant semblable aux choses, en agissant en conformité avec leur nature : comment donc un être créé pourrait-il produire en soi la ressemblance de l'être incréé ? De Dieu à la créature il n'y a pas de proportion. Il y a bien une ressemblance analogique ; mais l'acte de connaissance exige une conformité exacte, bien qu'intentionnelle, comme de la copie au tableau, de l'empreinte au cachet. Une telle ressemblance est absolument impossible.

Il n'y a qu'une chose possible, et Dieu dans sa bonté l'a promise à ses créatures. C'est qu'il s'unisse lui-même à elles dans une fusion intime des deux vies ; c'est qu'il se fasse non seulement le but, mais la forme même de leur acte intellectuel, qu'il les déifie, en un mot, sans les supprimer, ni les absorber, en se rendant un des éléments essentiels de leur vie. Cela est possible à Dieu, mais cela est impossible à l'homme. Par ses propres forces, il ne peut ni l'obtenir, ni le désirer, ni même en concevoir la pensée. Il peut seulement s'y préparer avec le secours surnaturel de la grâce ; car ici le but et les moyens, tout est surnaturel. Comment serait possible une telle union, si la créature de son côté ne s'y portait pas tout entière ? Deux surfaces ne peuvent adhérer que lorsqu'elles sont parfaitement lisses. Si la créature garde en soi quelque attrait terrestre, quelque regret mal éteint pour les beautés créées, c'est une rugosité qui empêche l'intimité de l'union. La seule chose qu'elle ait donc à faire, c'est d'aimer Dieu complètement, de se préparer de telle sorte qu'elle finisse son temps d'épreuve dans un acte d'amour absolu. Dieu sait combien un tel acte est difficile à l'homme déchu ; il a ses secrets pour l'aider et pour suppléer à sa faiblesse. Peut-être se contente-t-il souvent qu'on ait voulu aimer.

Telle est la bonté de Dieu envers ses créatures : ses embrassements vont jusqu'à la compénétration des deux êtres !

Mais ce Dieu, pour l'aimer, il faut le connaître ; aussi Dieu a-t-il prodigué les preuves de son existence et de ses perfections. S. Thomas compte cinq preuves, auxquelles on peut ramener toutes les autres : indiquons successivement leur valeur et leur portée.

La preuve la plus saisissante, la plus accessible à toutes les natures d'esprit, c'est assurément la preuve tirée de l'ordre du monde, ce que S. Thomas désignait par le terme : *gubernatio rerum*. Tout le monde est frappé de cette belle harmonie des êtres, tendant tous ensemble aux mêmes buts généraux. Comment peut-il se faire que des êtres distincts, indépendants, qui ne se doivent rien l'un à l'autre, agissent chacun précisément comme il est nécessaire pour l'autre, aient justement chacun les propriétés qui conviennent à l'autre? Ce n'est pas moi qui ai fait la plante, ni la plante qui m'a fait: comment se fait-il que la plante ait précisément les qualités nécessaires pour me nourrir? Ce n'est pas le soleil qui a fait mon œil, et encore moins mon œil qui a fait le soleil: comment se fait-il que mon œil soit si admirablement disposé pour recevoir la lumière du soleil? — Mais, dit-on, précisément parce que l'un de ces êtres est nécessaire à l'autre, celui-ci ne peut exister qu'autant qu'il rencontre l'autre pour subvenir à ses besoins. — C'est tourner la question et non point la résoudre. Il ne s'agit point de savoir si l'un peut exister sans l'autre; il s'agit de savoir comment ils se rencontrent tous deux à point nommé. Calculez toutes les probabilités, comptez toutes les possibilités du néant, et dites-moi combien de milliards de chances contre une seule qui amène à la fois un œil pour voir et un soleil pour être vu. Cela n'est possible que par l'existence d'un principe intelligent qui les produit l'un et l'autre, qui les connaît l'un et l'autre et les adapte à leurs fins réciproques.

Étalez après cela les miracles du hasard, fouillez dans le secret de chaque être pour y découvrir quelque organe qui semble inutile, énumérez les cas où les êtres se combattent et se nuisent, que prouverez-vous? Ceci uniquement: que le monde n'est pas un tout parfait, que beaucoup de choses y sont abandonnées au hasard des rencontres, qu'en un mot la puissance qui a fait le monde a réglé toutes choses par des lois générales et ne s'est pas soucié des accidents individuels.

— Comment donc? est-ce que cette puissance n'est pas infiniment puissante, infiniment intelligente et infiniment bonne?

— Sans doute; mais qui vous dit qu'un monde absolument parfait convînt à ses desseins? qui vous dit que certaines imperfections n'étaient pas nécessaires pour que l'homme ne s'attachât pas trop exclusivement à ce monde et cherchât quelque chose de mieux? Si tout n'est pas réglé dans le dernier détail, il peut y avoir parfois des rencontres moins heureuses; mais si tout était réglé, qu'aurait à faire notre liberté dans ce monde? Nous n'aurions qu'à nous croiser les bras, puisque rien ne pourrait être changé, que nous ne pourrions pas modifier le mouvement d'un fétu. N'allons donc pas chercher dans le détail des êtres quelques imperfections, qui ne sont peut-être pas des imperfections dans le plan général qui nous est inconnu. Nous ne querellerons pas un ingénieur parce que la machine qu'il a construite laisse suinter par les joints un peu d'eau ou de vapeur inutile : il suffit que le bon fonctionnement en soit assuré. L'ordre et la conservation du monde sont admirablement assurés ; les détails que l'on relève sont absolument insignifiants dans l'immense multitude des êtres ; cet ordre n'est compréhensible que par l'action d'un être intelligent : donc Dieu existe.

Telle est la preuve par l'ordre du monde, cette preuve que Fénelon a si poétiquement développée. C'est la preuve populaire par excellence. Elle frappe tous les hommes, enfants et vieillards, savants et ignorants. Elle prouve nettement l'existence d'un être intelligent qui dirige le monde ; elle ne prouve pas toutefois rigoureusement l'infinie supériorité de sa nature.

Une autre preuve est tirée de l'existence du mouvement dans le monde. Elle s'appuie sur ce principe posé par Aristote : tout ce qui est mû est mû par un autre ; *omne quod movetur ab alio movetur* (ce principe est démontré longuement dans le huitième livre de la *Physique*) ; mais tout corps qui meut est mû ; il ne meut qu'en vertu de son propre mouvement. On ne peut aller ainsi à l'infini, et il faut arriver à un premier moteur immobile.

Cette preuve, telle que la présente Aristote, ne concerne que le mouvement local, déclaré par lui le premier des mouvements et l'origine de tous les autres. S. Thomas lui donne une forme plus générale. Il appelle mouvement tout passage de la puissance à l'acte ; et il remarque très justement qu'aucune puissance ne peut venir à l'acte sans l'intervention d'une chose déjà en acte. Le moins ne saurait produire le plus. Il n'est aucune créature qui ne soit mêlée de puissance et d'acte, qui avant d'être en acte n'ait été d'abord en puissance. Il faut donc au-dessus d'elles un être qui soit tout d'abord et naturellement en acte, d'un mot consacré par la tradition : un acte pur.

S. Thomas déclare cette preuve la plus certaine et la plus manifeste. Cependant elle a été généralement abandonnée dans les temps modernes. Les derniers progrès des sciences l'ont fortement compromise aux yeux de beaucoup de personnes, qui la regardent comme inacceptable aujourd'hui. C'est aller, selon nous, beaucoup trop loin.

Si avec Aristote on se fonde seulement sur le mouvement local, la preuve, telle qu'il la formule, offre des difficultés. Le fait du mouvement local est assurément le plus manifeste qui soit au monde, mais les origines de ce fait sont très obscures. Il n'est pas aussi évident que le croyait Aristote que le phénomène du mouvement soit absolument primitif et que certaines propriétés de la matière ne puissent le déterminer. Quelques physiciens modernes ont proposé de l'expliquer par des actions mutuelles des éléments matériels. Dans ce système, la démonstration d'Aristote n'aurait point par elle-même une valeur absolue. Il reste toutefois, comme l'a très bien montré le P. Lépidi [1], que ni le mouvement ni le repos ne sont essentiels à la matière, et cependant elle est nécessairement ou en mouvement ou en repos. A-t-elle été d'abord en repos, ou en mouvement? Qui donc l'y a mise? Je veux bien que ce soient ses propriétés naturelles ; mais il faut que, suivant le cas, ces propriétés se soient trouvées dans des conditions tout à fait différentes, conditions qui ne leur sont nullement essentielles. Qui a posé ces conditions? qui a réglé leur équilibre? ou qui a rompu cet équilibre? On arrive donc toujours, quoique par une voie plus indirecte, à la nécessité d'un premier moteur.

La preuve de S. Thomas va plus droit au but. Elle se fonde sur des principes plus généraux, et par conséquent plus immuables. Le grand docteur appuie particulièrement sur elle dans la *Somme* contre les infidèles. C'est une appréciation très juste des tendances de la raison naturelle. Celle-ci ne voit pas tout d'abord la contingence de la matière, et cette distinction de l'essence et de l'existence qui donne au monde le caractère d'effet. Au contraire, le changement, la survenance d'états nouveaux, le passage continuel de la

(1) *Cosmologie*, p. 145.

puissance à l'acte, le *devenir*, pour employer une expression moderne, est un caractère qui frappe tout d'abord.
S. Thomas n'admettait pas, comme Hégel, un devenir absolu
qui partirait du néant ou de presque rien. Puisque la
matière se transforme à chaque instant, puisqu'elle s'élève
incessamment à des formes moins stables mais plus par-
faites qu'elle-même, il faut bien au-dessus d'elle un être
parfait et immuable qui par une action permanente la
conduise à ses fins. L'eau ne saurait remonter plus haut
que son point de départ ; la matière inerte ne saurait engendrer le mouvement et la vie, si elle ne dérivait du principe de toute activité et de toute vie.

Cette preuve est très belle : elle nous fait entrer plus
avant que la précédente dans l'essence divine. Elle nous
montre la nécessité d'un premier être immuable. S'il n'é-
tait pas immuable, d'où viendraient les changements qu'il
aurait à subir. Se perfectionnerait-il ? il faudrait un autre
être lui conférant ces perfections nouvelles. Se dégrade-
rait-il ? il faudrait un autre être le dominant et le spoliant.
L'immutabilité est un des caractères essentiels de Dieu, un
de ceux qui le distinguent absolument de la créature. « Je
suis le Seigneur, et je ne change pas, dit-il de lui-même :
Ego dominus et non mutor[1] ». Il ne change pas et ne peut
changer précisément parce qu'il est le premier et le maître ;
et c'est cette qualité souveraine que les docteurs du moyen
âge désignaient principalement par l'expression philosophique d'acte pur.

Deux autres preuves sont peu accessibles à la masse des
hommes, mais conviennent aux esprits tournés vers les méditations philosophiques : l'une est tirée de la contingence
des êtres, l'autre de leur gradation.

Quand on considère les êtres qui nous sont connus, on
conçoit par la réflexion qu'ils pourraient ne pas être. Ce qui
peut ne pas être, à un certain moment n'est pas : c'est un
principe admis par Aristote dans sa *Physique*. Il y a donc
eu un moment où les êtres à nous connus n'existaient pas.
Comment auraient-ils pu apparaître, s'il n'y avait au-dessus

---

(1) Malachie, III, 6.

d'eux un être nécessaire ? Le néant ne peut être fécond, ni l'être sortir de rien.

D'un autre côté, les êtres sont divers en degrés ; ils sont plus ou moins. Le plus ou moins se dit par rapport à quelque type dont on approche ou dont on s'éloigne. Ce type est dans chaque genre la cause de toutes les perfections de ce genre[1]. Il doit donc exister un type absolu de perfection, un être absolument être, vrai et bon, par rapport auquel tous les autres sont dits êtres, vrais et bons, et qui donne à tous l'existence, la vérité et la bonté. On reconnaît ici une tentative pour donner une forme plus régulière à un argument de S. Anselme.

Ces deux preuves n'ont pas l'évidence lumineuse et populaire des précédentes. Elles se fondent sur des principes abstraits, peu accessibles à qui n'est pas familier avec les spéculations transcendantes. Toutefois elles sont très propres à faire ressortir la nécessité et la perfection absolue de la nature divine.

Quant à la preuve tirée de l'idée de l'infini, que l'on considère cette idée avec S. Anselme comme impliquant l'existence de son objet, ou qu'on la conçoive avec Descartes comme l'effet spécial d'une cause proportionnée, les scolastiques la rejetaient absolument. Ils n'admettaient pas que nous eussions une idée positive de l'infini représentant directement la nature divine. L'idée de l'infini est négative dans la manière dont nous la formons. Elle supprime les limites de toutes les perfections ; elles ne nous dit pas ce que sont ces perfections affranchies de toute limite. Ce n'est donc pas une notion spéciale et directe ne pouvant émaner que de son divin modèle. L'idée de l'infini implique, il est vrai, quand on l'analyse, l'existence de son objet : qu'est-ce à dire ? C'est que si son objet est réel, il doit exister par la force propre de sa nature, comme un cercle, du moment qu'il existe, a nécessairement tous ses rayons égaux. Mais s'il n'existe point un tel être, il suit simplement que l'idée d'infini est une conception purement idéale. Il faut d'autres preuves pour montrer que son objet est réel.

(1) Arist. *Met.*, II, 6.

Qui n'admirerait la sobriété de sagesse de ces grands docteurs ! Ce n'est pas l'élan vers Dieu qui leur manquait, ni
l'enthousiasme de sa perfection, ni l'amour de sa beauté
infinie. Qui fut jamais épris de Dieu comme ces grands saints
qui ont fixé la philosophie scolastique? Mais, fermes dans leur
bon sens, scrupuleux dans leur méthode, jamais ils n'ont
laissé le sentiment prendre la place de la raison et de la
science. Jamais ils n'ont voulu consacrer par leur autorité
ces arguments qui ne prouvent qu'à celui qui est déjà
convaincu, ces évidences factices que l'âme mystique se fait
à elle-même, mais où l'âme abandonnée aux simples tendances naturelles cherche en vain quelque lumière.

La cinquième preuve de l'existence de Dieu est fondée sur
la notion de cause efficiente. C'est la preuve la plus absolue,
la plus scientifique, la plus à l'abri de toute difficulté. C'est
aussi la plus féconde, celle qui pénètre le plus avant dans
les perfections divines. Tout ce que nous savons de Dieu se
déduit de son caractère de cause première.

Nous avons montré ailleurs la valeur de l'idée de cause
efficiente. On peut la contester de bouche ; on ne peut s'en
affranchir dans la pensée. Quoi qu'on ait pu dire pour défendre des thèses fantaisistes, elle reste le fondement nécessaire de toutes les sciences aussi bien que de toute vie pratique. Placée en face d'un effet, toute raison humaine,
malgré les sophismes dont elle peut se vanter d'ailleurs, va
droit à la cause.

Que les êtres n'existent point par eux-mêmes, qu'ils apparaissent et disparaissent, qu'on puisse sans aucune absurdité
les concevoir dans le néant : ce sont des notions communes
à quiconque réfléchit. Un penseur de grand talent a soutenu
récemment que la matière ne peut se concevoir anéantie.
M. Spencer est, je crois, le seul qui ait jamais défendu expressément cette thèse étrange. Que son imagination ait re-
culé d'effroi devant l'image d'un monde absolument vide,
qu'elle se soit refusée à représenter ce qui serait sa propre
destruction à elle-même, je le conçois facilement. Mais que
son intelligence, dont le fond est l'idée d'être, n'ait pas pu
concevoir une différence, et par suite une séparation possible,

entre l'idée d'être et la forme particulière qui la détermine dans la nature corporelle, c'est la preuve qu'un grand esprit peut être d'une rare incapacité pour les conceptions philosophiques.

Si les créatures n'ont pas l'être par elles-mêmes, il faut de toute nécessité que l'être leur soit venu d'ailleurs ; il faut une cause à leur existence ; et cette cause, c'est Dieu.

S. Thomas expose cette preuve d'une manière un peu différente, qui montre le sentiment profond qu'il avait de l'activité des êtres. Il remarque que le monde sensible nous offre des séries de causes se déterminant l'une l'autre ; mais, aucune ne pouvant être cause d'elle-même, il faut remonter à quelque être supérieur. D'un autre côté, on ne peut remonter à l'infini dans une série de causes subordonnées. Toutes n'agissent que par la vertu de la première ; supprimez celle-ci, vous supprimez la série entière. On ne peut donc imaginer des causes qui se succéderaient l'une à l'autre indéfiniment ; il faut une première cause toujours présente, toujours active, aussi longtemps qu'il y a des causes secondes. Cette cause première et permanente de toutes les activités est celle que nous appelons Dieu.

Excellente réponse à tant de modernes qui s'imaginent, un peu étourdiment, que le monde pourrait se continuer par une série de phénomènes s'engendrant les uns les autres. Ils veulent que les faits se transmettent un être et une activité qui ne serait à aucun d'eux ; tous le recevraient, aucun ne l'aurait donné ; sans avoir jamais été puisé nulle part, il traverserait éternellement une chaîne indéfinie de sujets passagers. Mais quoi ! cet être, cette activité, ne serait-il pas par là même éternel ? ne serait-il pas supérieur à toutes ces formes périssables qu'il animerait successivement ? ne devrait-il pas avoir une individualité propre pour survivre à chacune d'elles ? Cette réalité distincte, supérieure et éternelle, que pourrait-elle être sinon Dieu lui-même ?

S'il y a une cause première, elle a évidemment tout ce qu'elle donne ; elle ne peut puiser que dans sa propre richesse. Elle a donc l'être, la vie, l'intelligence, la volonté, puisqu'elle a donné aux causes secondes être, vie, intelligence et volonté.

Puisqu'elle est première, elle a ces choses par elle-même et ne peut les perdre : elle est indépendante, nécessaire, immuable et éternelle. Enfin, elle est absolument simple, puisqu'une nature complexe impliquerait quelque être supérieur qui ait uni ses éléments. Elle est infinie, car elle est tout ce qui peut être, rien ne pouvant se concevoir réel ou possible que par elle. Ainsi la notion de cause première est la plus grande voie qui conduit la raison à la contemplation des perfections divines. Cette voie, l'antiquité l'a connue, bien qu'elle ne l'ait pas suivie jusqu'au bout. C'est le chemin royal que Dieu a donné aux sages pour arriver jusqu'à lui : chemin largement ouvert, afin qu'ils soient inexcusables s'ils négligent d'y entrer. Mon Dieu ! il y a cependant des hommes qui refusent de le prendre ; et souvent, chose incroyable, ce sont les hommes les plus habitués à découvrir les moindres causes, à scruter les plus petits indices. Ils sont d'une subtilité merveilleuse à tirer les conséquences des faits les plus insignifiants. Avec un os ils referont tout un squelette. Si vous paraissez étonné, ils vous répondront que rien n'est plus certain, que c'est scientifiquement démontré. Et quand il s'agit de Dieu, des traces tout autrement éclatantes leur paraissent vagues et incertaines ; ils soupçonnent tout, ils contestent tout. Ils sont vraiment inexcusables. Non qu'ils ne soient quelquefois sincères : j'en connais qui sincèrement pensent que Dieu est le grand ennemi qu'il faut abattre ; mais, pour être excusable, il ne suffit pas de croire ce que l'on dit et de ne pas voir autre chose que ce que la passion présente ; il faudrait disposer son esprit et son cœur de manière à n'avoir d'autre amour que l'amour du bien, ni d'autre intérêt que celui de la vérité.

Il y a donc une cause première, et cette cause nous l'appelons Dieu. Cette cause est nécessairement active : c'est par là même qu'elle est cause. Il nous reste à préciser les caractères de cette activité et le rôle qui lui appartient au-dessus de l'ensemble des êtres.

Nous ne tenterons pas de pénétrer dans le mystère de son activité intime. La cause première n'est pas une pure idée ou un point de départ inerte. Comment donnerait-elle la vie, si elle n'avait la vie en elle-même? Et si elle avait une vie faible et limitée, ne la garderait-elle pas pour elle de peur de s'épuiser? Elle a donc une plénitude de vie; elle est un réservoir sans fond de force et d'énergie. Sans sortir d'elle-même, elle est infiniment active et féconde : « Mon père agit incessamment », disait J.-Christ : *Pater meus usque modo operatur* [1]. C'est pourquoi, elle est une à la fois et plusieurs : une parce que l'être absolu ne peut être qu'unique, plusieurs parce qu'il est vivant et que la vie se multiplie en elle-même en se déployant. Mais ceci est affaire aux théologiens.

Dieu toutefois a voulu faire déborder un peu de cette énergie au dehors. Il est le bien par excellence : le bien aime à se répandre; sa gloire est de se communiquer; son plaisir est de donner. De là les êtres qu'il a tiré du néant. Ces êtres existent, il les a créés; ces êtres durent, il les conserve; ces êtres agissent, il leur donne l'énergie active. De là les trois caractères de créateur, de conservateur et de moteur que nous allons examiner.

Et d'abord, Dieu a créé les êtres. Qu'est-ce à dire? C'est qu'il leur a donné une substance propre et distincte de la substance divine. Quand notre activité à nous sort d'elle-même, comme elle n'est point substantielle, elle ne peut rien produire de substantiel. Ses actes ne subsistent point en eux-mêmes, et du moment que l'agent les émet hors de soi, il est obligé de les appuyer à quelque chose de préexistant. Il n'en est point ainsi de Dieu. Comme il est tout simple et tout un, son activité est substantielle, c'est-à-dire qu'elle n'est point autre chose que sa substance, qu'elle existe en elle-même et par elle-même : son effet est donc de même substantiel; elle lui donne d'être en lui-même.

Aristote a dit des vivants : « *Vivere viventibus est esse*. La vie c'est leur être. » Pour les créatures cet aphorisme a besoin de tempéraments; pour Dieu il est absolument et littéralement vrai. Dieu, puisqu'il est cause, est nécessairement actif, autrement il ne serait pas cause; et puisqu'il est pre-

_____
(1) S. Jean, V,17.

mier, il est actif par son être même, sans quoi il faudrait rechercher une autre cause qui eût doué son être de l'activité. L'activité et l'être sont donc une même chose en lui. Mais en nous ces deux conditions sont très dissemblables : l'une indique permanence et stabilité en soi-même ; l'autre indique extension, développement, diffusion. Comment donc peuvent-elles se trouver identifiées ? Avons-nous jamais eu l'idée d'un être où elles se confondent absolument ? Et cela seul ne prouve-t-il pas que l'idée directe et véritable de l'infini nous échappe ?

Non seulement l'activité de Dieu est identique à son être, mais elle est immuable comme lui. Voilà encore un caractère dont nous n'avons guère l'idée. Nous ne comprenons l'activité que dans le mouvement et le changement. Tous les exemples que nous rencontrons autour de nous impliquent mouvement, changement, passage de la puissance à l'acte. Qui agit, s'agite, pourrions-nous dire : cela est vrai de toute créature, mais cela n'est pas vrai de Dieu. Le P. de Régnon, dans son bel ouvrage sur la *Métaphysique des causes*, a très bien montré que l'efficacité de l'action n'implique par elle-même aucun changement dans l'agent ; elle n'implique que le changement de l'effet. Peut-être a-t-il un peu exagéré en donnant l'immutabilité intrinsèque comme un caractère de la cause, puisqu'il y a de vraies causes qui changent en agissant. Il reste toutefois que l'efficacité peut être définie en dehors de ce changement. Et qu'est-ce donc que cette vie stable, cette efficacité immobile ? Ce n'est plus qu'une relation, un rapport physique entre deux termes, dont l'un dépend essentiellement de l'autre. Dieu ne change pas et ne peut changer ; mais sa main est étendue, et sous son influence apparaissent dans l'ordre marqué la foule des créatures. Ce n'est point, comme on pourrait se le figurer, quelque chose de lui qui passe en elles, car alors il y aurait changement en lui ; c'est quelque chose qui devient en rapport avec sa volonté éternellement exprimée : « *Ipse dixit et facta sunt, mandavit et creata sunt.* Il a dit, tout a été fait. »

Ainsi la créature ne reçoit point un être qui sort de Dieu ; son être naît sous l'influence de la volonté de Dieu. Dieu seul peut ainsi donner la chose à elle-même. Qu'y a-t-il en nous de plus semblable à l'acte créateur. C'est assurément la pensée. Quand nous pensons, nous donnons naissance à des faits réellement nouveaux, qui n'existent que par l'action de notre intelligence et en dépendent absolument. Aussi dit-on quelquefois que les créatures sont des pensées de Dieu. Mais quand nous pensons, notre pensée ne se soutient que fondée sur notre intelligence ; c'est l'intelligence elle-même qui s'incarne dans la pensée et se transforme en elle. La créature, au contraire, n'est pas une transformation ou une évolution de la nature divine ; elle est seulement un effet de sa vertu qui, sans se modifier, est productive et féconde. C'est là un pouvoir incommunicable. Dieu peut donner à ses créatures d'être causes ; il ne peut leur donner de créer, de produire des effets subsistant en eux-mêmes. C'est la plénitude de l'énergie, la causalité absolue ; et Dieu, suivant la remarque de S. Thomas, ne peut donner à aucune créature l'exercice absolu de la causalité.

Mais, si les créatures subsistent en elles-mêmes, elles sont par le fait distinctes de Dieu. Et il le faut bien. Tout effet, remarque encore le P. de Régnon, est distinct de sa cause. S'il n'était pas distinct, il n'y aurait ni activité, ni efficacité ; l'efficacité suppose nécessairement deux termes, l'un producteur, l'autre produit. Produire et ne produire rien serait contradictoire ; et si le terme produit n'était pas distinct, il n'y aurait rien de produit. Mgr d'Hulst a parfaitement remarqué, dans une conférence publiée par les *Annales*[1], qu'une cause purement active pose nécessairement son effet hors d'elle-même. Si elle le posait en soi-même, elle le recevrait, elle deviendrait, elle serait passive en un certain degré. C'est une remarque profonde, inspirée par une appréciation très juste des meilleures données de la scolastique.

Ainsi, Dieu est cause première; et parce qu'il est cause première, il est immuable; il est souverainement actif, mais sans changement. Son activité est substantielle: elle donne l'être, non par transmission, mais par pure efficacité. Elle produit des êtres existant en eux-mêmes et substantielle-

(1) V. *Annales* d'avril 1887.

ment distincts. Tous ces résultats se déduisent logiquement
et avec une parfaite régularité de la notion posée d'abord. Il
est vrai que nous arrivons à des données qui déroutent nos
conceptions ordinaires. Il faut réduire chaque notion à sa
quintessence, à ce qu'elle contient d'absolument indispensable. Il faut renoncer à la représenter sous une forme saisis-
sable pour l'imagination. Mais, en compensation, nous obtenons des conclusions absolument conformes à l'expérience,
qui nous présentent des êtres variables, dépendants, mais
cependant subsistants en eux-mêmes et dans leur entité indi-
viduelle.

Si les philosophies qui tentent de descendre ainsi de Dieu
à la créature, aboutissent ordinairement au panthéisme et
confondent la substance du monde et la substance de Dieu,
c'est qu'elles posent Dieu comme être seulement, et non
comme cause. Elles suppriment par là même les conditions
de vie et de fécondité. Il n'est pas étonnant qu'aucun effort
de logique ne puisse les sortir de l'immensité solitaire où
elles ont placé la divinité.

Mais allons plus loin. Dieu n'est pas seulement créateur,
il est encore conservateur.

Les créatures sont, et elles durent. La durée est un avantage distinct de l'être, mais non absolument différent ; c'est
la prolongation de l'être. Pour durer, il faut avoir l'être ; mais
on peut avoir l'être et durer plus ou moins. Du moment qu'il
y a avantage réel et particulier, il faut une cause spéciale.
Cette cause ne peut être que Dieu, quand il s'agit de l'être ;
puisque la durée n'est qu'un développement particulier de
l'être, elle doit aussi être donnée par Dieu. Les phénomènes
que nous produisons durent sans nous, parce que nous les
appuyons à quelque chose qui dure. Dieu n'aurait pas où
appuyer ses créatures, s'il ne les soutenait par la même
énergie qui les a produites.

Dieu est donc conservateur en même temps qu'il est créateur. Ce n'est pas, comme nous l'avons déjà remarqué, qu'il
exerce deux actions distinctes ; une seule et même action de
la puissance divine produit deux effets dans les créatures.
Dieu, par un décret éternel et immuable comme lui, fixe

l'être qu'il veut donner à chacune et la durée qu'il lui convient de donner à cet être ; la créature paraît et dure. Si u: e
créature ne dure pas, ce n'est pas que Dieu ait changé ses
desseins à son égard, c'est qu'elle a épuisé la durée fixée
tout d'abord. Mais ce cas ne se produit point pour les natures substantielles ; une fois créées, toutes durent, et durent
à jamais. La science moderne est très fière d'avoir découvert que, depuis l'origine du monde physique, il n'y a jamais
eu anéantissement de force ou de matière. Le sage le savait
il y a trois mille ans, et il le savait par une tradition reçue de
ses pères. « J'ai appris, disait-il, que toutes les œuvres de
Dieu durent à jamais : *Didici quia omnia opera quæ
fecit Deus perseverent in æternum[1]* ».

Ainsi, nous ne sommes point par nous-mêmes, et nous ne
durons point par nous-mêmes. Nous avons l'être en nous-
mêmes, il est vrai, puisque nous sommes des substances
distinctes ; mais nous sommes fondés en nous-mêmes par
une main toute-puissante, et chaque instant qui s'ajoute à
notre durée est un don spécial de cette main qui aurait pu
ne pas l'ajouter. Notre dépendance de Dieu est donc absolue.
Il ne nous a pas créés pour que nous vivions ensuite par
nous-mêmes ; il ne le pouvait pas, car il ne pouvait faire
que la créature s'appuyât sur son néant. Voilà donc des
créatures qui tiennent tout de lui, qui ne vivent que par lui,
qui ne subsistent que par son action intime ; et cependant
elles l'oublient, elles le méconnaissent, elles vont jusqu'à
dire qu'il n'existe pas. C'est un mystère plus grand que
tous les mystères au milieu desquels nous marchons en ce
moment.

Mais il y a de nous à Dieu une dépendance encore plus
complète et plus intime. Non seulement nous n'existons que
par Dieu, non seulement nous ne durons que par Dieu,
mais encore nous n'agissons que par lui ; il est le moteur de
toutes nos actions.

Mon être n'est pas de moi, cela est évident : je ne pou-
vais me causer avant d'être. Je suis apparu un jour, je ne
sais pourquoi, ni comment. Mon existence me vient donc

(1) *Ecclesiastes*, III, 14.

d'ailleurs. Mais mon action, c'est bien moi qui la fais ; elle dépend absolument de moi, je puis la poser ou la suspendre à ma volonté. — Je ne sais, dit-on, comment je remue mon corps ; les mille fibres qui le composent n'ont pas été organisés par moi ; je ne sais vraiment pas comment ils m'obéissent. Cela peut être, mais au moins mes pensées, mes volontés, c'est bien moi qui les produis. — Sans doute, c'est vous qui les produisez : mais c'est Dieu aussi ; et il les produit plus que vous, parce que l'énergie que vous employez à les produire est à lui avant d'être à vous. — L'enseignement de la philosophie traditionnelle est expresse sur ce point. Non seulement Dieu nous donne les facultés par lesquelles nous agissons, non seulement il conserve ces facultés en état, mais encore il les applique à l'action, il leur donne tout leur mouvement ; quand nous agissons, au moment même où nous agissons, c'est Dieu qui agit en nous et par nous, et s'il n'agissait pas en nous, nous ne pourrions absolument rien : *Non solum dat formas rebus, sed etiam conservat eas in esse, et applicat eas ad agendum, et est finis omnium actionum*[1].

Pourquoi ce nouveau mystère ? N'est-il pas évident que c'est nous qui agissons ? La faculté que nous appliquons n'est-elle pas bien à nous ? Serait-elle une faculté, si elle ne contenait pas le pouvoir même d'agir ? Tout cela est vrai, et S. Thomas ne dit pas le contraire, mais tout cela vient de Dieu. Dieu est le fondement universel et nécessaire de tout être et de toute activité ; il n'y a donc rien qui ne doive venir de lui. Où prendrait-on ce qu'il ne donnerait pas ? Quand la créature déploie ses énergies, quand elle les fait passer à l'acte, n'y a-t-il pas plus de réalité que lorsqu'elle les tient inertes et en puissance ? Quand je pense, quand je veux, il y a certainement quelque chose de plus que quand mon intelligence et ma volonté sont engourdies. D'où viendrait donc ce quelque chose ? Est-ce que le plus peut venir du moins ? est-ce que la puissance peut d'elle-même se former en acte ? La faculté ne pourrait donc sortir son acte, si elle n'était qu'une pure puissance sans rien d'antérieur à elle-même.

(1) *Sum. th.*, 1, 105, 5.

Elle n'est vraiment puissance que parce qu'elle est un premier jalon vers l'acte parfait, et que celui qui l'a donnée continue à l'animer de sa présence intime. Le petit enfant a une main avec laquelle il peut prendre les choses ; mais il n'a pas la force de conduire lui seul cette main ; sa mère la prend, l'applique à l'objet et alors il saisit cet objet désiré qu'il ne pouvait seul atteindre. Sans Dieu notre faiblesse est absolue ; tout ce qu'il nous a donné serait mort s'il ne nous fournissait incessamment la vie. Voilà pourquoi les docteurs enseignent, avec l'Écriture, que toute vertu agit dans la vertu de Dieu : *inquantum ejus virtute omnis alia virtus agit* et que Dieu fait tout en tous : *operatur in omni operante*[1].

Telle est la théorie appelée en philosophie scolastique doctrine du *concours divin*. Dieu est proposé non seulement comme créateur et conservateur de toutes choses, mais encore comme moteur universel.

Il importe de bien saisir cette doctrine. Elle ne signifie pas que Dieu fasse nos actions à notre place et nous les attribue, ou que la vertu par laquelle nous agissons soit une partie de sa vertu, ou qu'il fasse à côté de nous la même action en même temps que nous. S'il en était ainsi l'action ne serait pas vraiment à nous, elle serait l'action de Dieu même, ou bien il y aurait deux actions, l'une à nous, l'autre à Dieu. Dans la vérité métaphysique il n'y a qu'une seule action, tout entière de Dieu, tout entière de l'homme : *effectus est totus ab utroque*[2], mais à divers titres. Elle est de Dieu, parce que toute activité vient de lui, et est créée par lui dans l'état même de son exercice actuel ; elle est de nous, parce que cette activité existe en nous, s'exerce en nous, et par nous. Quand la mer monte, le flot entre dans le port et les spectateurs disent du même courant, suivant leur point de vue, qu'il est le courant de la mer ou qu'il est le courant du port. Le philosophe qui voit la créature agir et qui sait qu'elle n'est rien que par Dieu, peut dire également que cette action est de la créature puisque la créature l'a produit par une vertu qui est la sienne, et que cette action est

(1) *Sum. th.*, ibid.
(2) *Sum. th.*, ibid.

de Dieu puisque c'est par son efficacité seule que toute puissance arrive à son développement et à son exercice.

Le panthéisme ne doit pas abuser de cette doctrine pour faire croire que tout est Dieu, non plus que la morale ne doit rendre Dieu responsable de tout. Dieu est en tout et partout, nous ne vivons que de sa présence intime, en lui seul nous avons l'être, le mouvement et la vie ; c'est la doctrine de S. Paul, suivie par toute la philosophie traditionnelle : *in ipso vivimus, movemur et sumus*[1]. Mais Dieu n'est pas tout ; son efficacité, je le répète, n'est pas quelque entité qui passe de lui à nous, qui sorte de lui pour se transformer en nous. Il nous donne, il est vrai, l'être et la vie dont il est une source inépuisable ; mais si l'être et la vie sont à un certain point de vue la substance des choses, ce qui les fait réelles, actuelles et vivantes, à un autre point de vue, ils ne sont rien que par leurs caractères et leurs déterminations propres. La détermination ne peut exister sans l'être qui l'actualise ; mais l'être est impossible sans une détermination, car il n'est que l'actualité de cette détermination. Comment donc passerait-il d'une chose à l'autre, puisqu'il n'est que l'énergie de la chose qui par lui est posée réelle ? L'infirmité du langage humain nous oblige à l'imaginer comme un flot qui s'épanche, et cette imagination est le fond de toutes les théories émanatistes ; en réalité, il n'y a rien qui s'épanche. Il y a des possibles que l'intelligence de Dieu conçoit éternellement ; il y a une volonté qui en veut un certain nombre dans un ordre marqué. La rencontre de l'intelligence et de la volonté fait jaillir la créature, comme la rencontre des deux électricités fait jaillir l'étincelle.

Et quand la créature agit, quand elle dispose de la force mise en elle, assurément c'est Dieu qui lui donne cette force en l'état où elle agit, et qui lui donne aussi l'énergie par laquelle elle en dispose, au moment même où elle dispose. Mais toutes ces choses sont bonnes en elles-mêmes ; il n'y a de mauvais que l'application qui en est faite. Celui qui assassine est un grand criminel ; l'épée dont il a frappé est

[1] *Act. Apost.*, XVII, 28.

cependant une bonne chose ; il ne fallait pas l'employer dans ce cas, *non hos quæsitum munus in usus*[1]. Mais l'application dépend de la créature ; lorsque cette énergie qui vient de Dieu dispose, c'est en tant qu'elle est dans la créature et s'exerce au compte de la créature. C'est la créature qui dispose après tout, parce que Dieu la crée agissante ; elle est libre, parce que Dieu la crée libre. Comme il la crée existant en elle-même, il la crée aussi disposant d'elle-même ; il lui donne non la décision faite d'avance, mais la force qui se décide dans l'acte même où elle se décide.

Dieu n'est donc point responsable du mal, sinon en tant qu'il le permet ; et il a de sages raisons de le permettre. Si le mal était impossible, le mérite serait impossible également. Il n'y aurait ni lutte, ni victoire. Il n'y aurait que l'amour facile et heureux ; il n'y aurait point cet amour libre qui se donne à Dieu parce qu'il le veut, comme Dieu se donne à nous parce qu'il le veut. Il n'y aurait point cet amour tout-puissant qui triomphe de toutes les difficultés, de la mort même, par l'ardeur avec laquelle il aime. Dieu serait moins aimé, et le monde serait moins parfait.

La doctrine traditionnelle ne doit donc point nous faire accuser Dieu, mais elle doit nous faire considérer le peu que nous sommes. Nous ne sommes vraiment rien : existence, caractère, force, énergie, tout ce que nous avons nous a été donné, et si nous cherchons ce qui préexistait au don nous ne trouvons absolument rien. Il arrive qu'un géomètre, rêvant à quelque problème, se représente mentalement des figures auxquelles il applique ses calculs. Ces figures ne sont rien ; il ne les a pas tracées ; elles n'existent que de sa pensée ; qu'il cesse d'y penser, il n'y a plus rien. Ainsi Dieu pense le monde ; le monde existe, s'il le pense comme actuel ; s'il ne le pensait pas, il n'y aurait pas de monde. Voilà tout ce que nous sommes, des modes, des figures, des déterminations que Dieu pense, et qu'il solidifie en les pensant. Qu'il cesse de les penser, tout disparaît.

(1) *Enéide*, ch. 4.

CHAPITRE IV

CAUSES CRÉÉES

Descendons maintenant de ces hauteurs vertigineuses, où les sens se taisent, où l'imagination est impuissante, où la raison s'étonne de ses propres arrêts. Hors de la philosophie traditionnelle, il n'y a jamais eu de théodicée complète, parce qu'en s'élevant, la raison est contrainte de raffiner toutes les notions. Pour ne point tomber dans des contradictions, dans des impossibilités, dans des démentis à l'expérience, elle est obligée de réduire chaque idée à des données très épurées. Il semble qu'elle n'ait plus rien dans les mains. Si elle n'est rassurée et soutenue par un conseil extérieur, elle se trouble et s'intimide ; elle tourne au panthéisme, en dépit des faits, pour éviter le matérialisme qui serait son abdication.

Les êtres créés nous présentent la notion de cause dans des conditions plus accessibles. Toutefois là encore une étude est nécessaire. Si l'existence de la cause première a été contestée, la causalité des créatures l'a été également, et quelquefois par des hommes de la plus haute valeur. Il faudra donc d'abord établir cette causalité. Nous aurons ensuite à en rechercher les lois.

Parmi les philosophes éminents qui, dans les temps modernes, ont méconnu plus ou moins complètement la causalité des créatures, il nous suffira de citer Leibnitz et Malebranche.

Leibnitz ne refusait point toute activité aux êtres créés ; mais il n'admettait qu'une activité intime et immanente. Comme son grand et large esprit comprenait très bien qu'une substance inerte est une non-valeur, il voulait les corps actifs ; mais, n'ayant d'expérience directe que de l'activité de la pensée humaine, il assimilait toute activité à celle-là. On sait que dans sa théorie les corps sont des assemblages de monades. Il pensait que chaque monade se développe incessamment en elle-même, mais qu'en vertu de sa constitution elle est à chaque instant représentative de toutes les autres monades. De là une merveilleuse conformité qui établirait l'harmonie de tous les êtres. Aucun n'agit sur l'autre, tous agissent en eux-mêmes, mais chacun, à chaque instant, a le mode d'action qui convient aux autres, et ainsi leurs actions diverses paraissent dépendre les unes des autres.

Par cette conception ingénieuse, qui montrait toute la transcendance de son profond génie, Leibnitz, sans le vouloir, n'attaquait pas seulement la causalité des créatures ; il ébranlait l'idée même de cause. Pourquoi tant d'efforts pour suppléer cette notion si simple, l'action d'un être sur un autre être ? Parce qu'il ne croyait pas pouvoir expliquer comment l'action d'un être peut s'appliquer hors de lui[1], c'est-à-dire qu'au fond, la véritable notion de cause lui semblait un non-sens. Premier pas dans cette voie dangereuse où s'est trop souvent engagée la philosophie moderne ne vouloir admettre que ce qu'elle peut expliquer. En suivant cette voie, on en viendra un jour à nier jusqu'à la valeur de la raison, parce qu'on ne peut expliquer comment s'établit le rapport du sujet connaissant avec l'objet connu. La règle des idées claires proclamées par Descartes a certainement un fondement solide ; il est antiphilosophique d'affirmer une chose dont l'existence n'apparaît clairement ni par intuition, ni par démonstration : mais il est décevant de vouloir n'affirmer que les choses dont on croit comprendre la nature. Il n'est aucun des faits fondamentaux de l'univers qui ne présente à l'intelligence humaine des côtés obscurs. Le monde ne serait pas l'œuvre d'un Être tout-puissant et infiniment supérieur à l'homme, si nous pouvions le comprendre à fond.

Il y a dans les corps des actions qu'il est impossible de rapporter au sujet qui les manifeste. Pouvez-vous admettre qu'un corps s'échauffe lui-même, se mette en mouvement

(1) *Monadologie.*

de lui-même ? Étant froid ou bien en repos, où prendrait-il la chaleur et le mouvement qu'il se donnerait ? C'est pourquoi, quand nous sommes témoins d'actions de ce genre, nous en cherchons un principe externe, c'est-à-dire une cause. A plus forte raison nous n'admettons pas qu'une chose se donne l'être à elle-même ; pour faire quoi que ce soit, il faut être. Mais qui lui donnera donc l'être, si aucune efficacité ne peut s'exercer hors de son sujet ? Dieu même ne saurait créer, à moins qu'on ne l'entende au sens panthéiste, c'est-à-dire en ce sens que la créature serait une évolution intérieure de Dieu. Leibnitz cependant croyait à la création ; il admettait en Dieu ce qu'il jugeait irrationnel dans la créature. C'est qu'en fait, l'idée de l'influence d'un être sur un autre être n'a rien de contradictoire. Nous pouvons ne pas saisir comment les deux termes se lient : cela est bien naturel puisque, d'après la théorie de la cause exposée précédemment, nous ne connaissons immédiatement et complètement que des actions internes, les actions externes ne nous apparaissant que dans leur accomplissement ; mais nous ne pouvons dire que les deux termes soient inconciliables. Le monde serait-il donc une position contradictoire d'actions sans sujet assignable ? l'expérience, une vaste déception destinée à nous donner le change en accolant à tout phénomène un être qui paraîtrait le produire et n'y contribuerait en rien ?

La théorie de Leibnitz bouleverse complètement la hiérarchie des êtres ; elle supprime la différence essentielle entre les corps et les esprits. Les scolastiques, tout en accordant l'activité aux uns et aux autres, avaient nettement caractérisé leur différence. L'esprit qui est tout acte subsiste en lui-même et par lui-même ; il agit sur les corps, mais ne subit pas leur action. Le corps, au contraire, est avant tout passif ; il n'est dans son fonds qu'une pure puissance, qui a besoin d'être mise en acte ; il subit avant d'agir ; toutes ses actions sont provoquées. L'action de l'esprit est surtout immanente ; il se développe et se perfectionne lui-même. L'action du corps, en tant que corps, est externe, et toujours appliquée à modifier un autre corps. Un esprit se suffit à

lui-même ; il forme un tout complet ; il peut en rigueur
exister seul. Un corps isolé n'aurait pas de sens, ne servi-
rait de rien, n'aurait ni principe ni but de son activité. L'esprit est comme un soleil puissant et actif qui brille par sa
propre lumière et éclaire au loin les profondeurs de l'espace ;
le corps est un soleil éteint qui n'a qu'une chaleur emprun-
tée du dehors.

Conformément à ces principes, les docteurs avaient admirablement établi la hiérarchie des êtres, selon que leur activité est plus ou moins empreinte de passivité, plus ou
moins interne, plus ou moins appliquée à l'intérêt du sujet
lui-même. Au plus bas degré, c'est le corps brut incapable
de se modifier lui-même, ne pouvant exercer ses activités
que sur un corps étranger. Laissé à lui-même il est inerte, si
un être n'agit sur lui pour le mettre en mouvement et si un
corps ne se présente pour réveiller son activité endormie. A
un plus haut degré est la plante. Elle a besoin d'être excitée
par la chaleur et l'humidité ; mais cette excitation donnée,
elle peut modifier et développer, non précisément sa substance, mais l'organisme qui en est la manifestation. Plus
haut encore est l'animal doué de sensations, véritables actions
internes, mais qui réclament une provocation extérieure.
Enfin vient l'homme, actif par lui-même et sans sortir de
lui-même ; il peut disposer de lui-même et perfectionner sa
propre nature. Toutefois l'homme n'est pas encore un pur
esprit ; il tient par un côté à la nature inférieure. Il n'est
pas lui-même l'objet direct de son intelligence ; celle-ci
ne s'atteint, pour ainsi dire, que par ricochet. L'intellect
a besoin, pour se mettre en mouvement, de la donnée
sensible ; il faut qu'il soit complété et comme amorcé par
elle. Alors il s'éveille, il pense, il travaille, il dispose de
lui-même et du monde.

Cette belle ordonnance, où tous les faits de la nature trouvent leur place, où chaque être est caractérisé de la manière
la plus conforme à l'expérience, est complètement détruite
par la conception de Leibnitz. Si les êtres ne peuvent agir
les uns sur les autres, il n'y a plus de corps ; il n'y a plus
que des esprits ; car il n'y a d'action purement interne que

l'action intellectuelle. Cette conséquence s'impose tellement que Leibnitz n'a pu trouver d'autre terme pour caractériser l'action de ses monades que celui de perception. Il distingue, il est vrai, la perception de l'aperception ou conscience. Mais que peut être une perception inconsciente ? Est-ce une connaissance ? Alors tous les êtres sont vraiment doués de connaissance. N'est-ce pas une connaissance ? Alors Leibnitz refuse aux corps les opérations qui les caractérisent d'après l'expérience, pour leur prêter une opération hypothétique qui n'a aucun nom et qu'on ne sait comment définir.

Malebranche rejetait également comme incompréhensible l'action des êtres les uns sur les autres. Il en apportait une raison que n'aurait jamais admise l'esprit profondément philosophique de Leibnitz. Il la tirait de la définition cartésienne du corps et de l'esprit[1]. On sait que Descartes considérait l'étendue comme l'essence des corps, et la pensée comme l'essence de l'esprit. Mais, faisait observer Malebranche, l'idée d'action externe n'est comprise ni dans la notion d'étendue, ni dans la notion de pensée. Il n'y a pas moyen d'attribuer à un être ce qui ne dérive pas de son essence. Nous devons donc refuser à toutes les créatures, aussi bien aux esprits qu'aux corps, l'activité causatrice.

Cette déduction est logique, mais qu'en conclure ? Que les définitions de Descartes sont insuffisantes. Nous devons juger des choses par les faits dont nous sommes témoins, car il n'y a rien de plus solide que le fait. Si l'essence attribuée à une chose contredit ces faits, c'est qu'elle a été conçue d'une manière trop étroite. Il faut réformer la définition, et non s'en servir pour combattre l'expérience.

Malebranche recourait encore à une autre argument, invoqué dans l'antiquité par le juif Philon et plus récemment par le cardinal Gabriel. Dieu, disait-il, est cause par essence et ne peut communiquer à personne d'être cause. N'est-ce pas refuser gratuitement à Dieu une de ses plus hautes prérogatives, l'abaisser sous prétexte de l'élever au-dessus de toute créature ? Celui qui ne peut donner que l'être, dit le Docteur angélique, est moins parfait que celui qui peut donner en

[1] *Recherche de la vérité*, 6,2,3.

plus l'activité. Dieu, étant l'être suprême, doit pouvoir ce qu'il y a de plus parfait. Qu'y a-t-il de contradictoire à donner à un être une efficacité suffisante pour atteindre un autre être? S. Thomas a très bien indiqué les limites de cette communication. Dieu, nous l'avons vu, ne peut donner aux créatures d'être causes absolues, ni par conséquent de produire l'être de toutes pièces : il ne peut les rendre égales à lui-même. Il ne peut, non plus, les rendre indépendantes de lui, et leur donner l'activité de manière qu'elles n'aient plus besoin de son concours pour la conserver et l'exercer. Voilà ce que Philon et le cardinal Gabriel avaient entrevu et exagéré ; voilà ce que la philosophie traditionnelle a su préciser avec une ferme rectitude.

Il est dans la science moderne une hypothèse très répandue qui tend également, si elle est mal comprise, à priver les corps de toute véritable activité. Elle remonte à Descartes. Le premier il a posé en principe que tous les phénomènes du monde physique sont des complications d'étendue et de mouvement. L'étendue, c'était pour lui, nous le savons, l'essence des corps ; il supposait que le mouvement produit à l'origine par une impulsion de Dieu se continue indéfiniment en vertu de l'inertie de la matière. On peut voir le plein épanouissement de cette théorie dans l'étude, d'ailleurs très savante, du P. Secchi sur l'unité des forces physiques. D'après l'éminent astronome, Dieu a donné primitivement l'impulsion à un ou plusieurs atomes ; cette impulsion se propage et se multiplie par des chocs des atomes entre eux.

Une telle conception ne laisse à la matière qu'une activité apparente, puisque chaque atome une fois ébranlé continue sa course en vertu d'une indifférence native. Cependant beaucoup de spiritualistes se sont attachés à cette théorie ; elle leur a paru rendre plus évidente l'action de Dieu dans le monde ; et ils ont été très scandalisés quand Laplace est venu dire qu'il avait trouvé moyen de se passer de la chiquenaude divine. Je crois bien qu'en parlant ainsi Laplace était inspiré par un sentiment d'incrédulité fort regrettable. Mais s'il eût seulement voulu dire que le mouvement peut s'expliquer dans le monde par le jeu de forces naturelles confé-

rées à la matière, il n'eût rien avancé que de très philosophique.

L'hypothèse qui ramène tout au mouvement doit être
considérée à deux points de vue : le point de vue physique,
et le point de vue métaphysique.

Au point de vue des sciences physiques, il est incontestable que le principe posé par Descartes, entrevu déjà par
Bacon : *tout dans les phénomènes est étendue et mouvement,* a ouvert à la science une ère de fécondité incroyable.
C'est seulement depuis que l'on s'est mis à ramener tous les
phénomènes au mouvement, qu'on en est devenu vraiment
maître, que l'on a pu en prévoir toutes les conséquences, en
tirer une foule d'applications fécondes. Jusque-là on se traî-
nait dans des expériences stériles, des définitions sans portée, des hypothèses arbitraires. Ce n'est qu'en traitant le
son, la lumière, la chaleur, etc, comme des mouvements,
que l'on a pu formuler une acoustique, une optique, une
thermodynamique vraiment rationnelles, où l'on se meut à
l'aise, où la théorie prévoit toutes les expériences, où les expériences confirment toujours la théorie. Ce serait à déses-
pérer de tout savoir applicable à la réalité et non borné à
quelques généralités vagues, si une hypothèse constamment
heureuse n'avait point quelque chose de vrai.

Pouvons-nous donc affirmer d'une manière absolue l'unité
des forces physiques dans le mouvement ? Non, sans doute ;
ce n'est jusqu'ici qu'une hypothèse, hypothèse très probable, la seule qui ait jamais réussi ; mais il n'est pas rigoureusement démontré qu'elle seule puisse réussir. Cette hypothèse n'explique d'ailleurs complétement que certains phénomènes : il en est d'autres, tels que ceux d'électricité ou
de magnétisme, dont elle ne rend point encore compte d'une
manière pleinement satisfaisante. En ce moment même, elle
éprouve une sorte d'échec : la théorie cinétique des gaz,
proposée par Clausius et d'abord généralement admise, est
sérieusement attaquée. Avouons, de plus, que la nouvelle
génération des savants ne se prononce plus aussi nettement
qu'on le faisait autrefois sur la nature intime des phénomènes.
Est-ce prudence? Je ne le sais, en vérité. Ils n'apportent

aucune raison scientifique de leurs hésitations nouvelles, et continuent plus que jamais à tout ramener à des calculs de grandeur et de vitesse, ce qui implique bien au fond le mouvement. Mais un nouvel esprit a pénétré dans la science. On s'applique à en bannir toute hypothèse. On veut se borner aux expériences et aux calculs, sans s'inquiéter de savoir pourquoi on peut appliquer le calcul. Je ne sais trop ce que la science gagnera à cette nouvelle tendance. L'hypothèse, j'entends l'hypothèse raisonnée et fondée sur des faits, n'est-elle pas la vie même de la science et le principe de sa fécondité ? Que de grandes découvertes ont eu pour origine une opinion préconçue sur la nature des choses.

Quoi qu'il en soit, l'hypothèse qui ramène tout au mouvement a une valeur scientifique incontestable : c'est le levier le plus puissant que l'on ait trouvé jusqu'ici pour l'étude de la nature ; mais au point de vue métaphysique, elle nous paraît appeler certaines réserves.

Sur quels points faire ces réserves ?

Quelques personnes attaquent la tentative même de ramener tous les phénomènes physiques au mouvement. Nous croyons qu'elles se méprennent sur le rôle de la philosophie. La réduction de toutes les forces de la nature au mouvement avait été induite de l'interprétation de certains faits. Les philosophes, n'ayant point étudié ces faits par eux-mêmes, ne sont point compétents pour redresser cette interprétation. Ils peuvent, il est vrai, présenter des fins de non-recevoir métaphysiques. Jusqu'ici je n'en ai vu opposer aucune vraiment sérieuse. Toutes les objections alléguées se réduisent à cette objection, par trop primitive, que cela ne doit pas être parce que cela n'apparaît pas ainsi à nos sens. Qu'importe donc ce que disent les sens ? Le sens par lui-même n'a pas le droit d'affirmer ; c'est le propre de l'intellect[1]. Que si l'intellect seul a le droit d'affirmer en se servant des données sensibles, il a bien le droit de vérifier et de contrôler les instruments dont il se sert.

Mais il est un autre aspect sous lequel la philosophie

---

(1) « Facere affirmationem aut negationem est proprium intellectus. » (S. Th., *Comment. sur le* De anima, l. III, lec. 12).

peut envisager l'hypothèse et la contrôler avec compétence.
La philosophie est avant tout l'étude et la critique des notions fondamentales. Quand la science a ramené les faits
aux derniers éléments qu'elle peut distinguer, la philosophie a le droit d'examiner ces éléments, de les rapprocher
de ses propres principes et de décider de leur valeur. Laissez donc la science ramener tout à des mouvements si les
phénomènes s'en expliquent mieux. Il vous restera à étudier
cette grande énigme : qu'est-ce que le mouvement ? Si par
hasard il explique tout, qu'est-ce qui l'explique lui-même ?

Les savants expliquent le mouvement par deux lois : la
loi de communication des mouvements et la loi d'inertie ou
loi d'indifférence de la matière au mouvement, ou au repos.
La première loi est un fait expérimental. Nous constatons
que tout corps en mouvement tend à communiquer son
mouvement dès qu'il se trouve à portée d'un autre corps.
Cette loi n'est d'ailleurs qu'une application de l'idée de
cause. Resterait à chercher l'origine première du mouvement communiqué. Aristote a consacré à cette recherche la
moitié de sa *Physique*, et il est arrivé à cette conclusion que
la première cause du mouvement n'est certainement pas un
mouvement, en d'autres termes, que la cause originairement motrice est en soi immobile. Je renvoie à cette discussion très profonde, et pour ainsi dire mathématique, ceux
qui pensent, comme le P. Secchi, qu'il est absurde que le
mouvement dans la matière puisse avoir une autre origine
que le mouvement [1].

La loi d'inertie, sous la formule vague et générale que
l'on en donne ordinairement, comprend deux principes très
différents. L'un est que la matière ne se met point d'elle-
même en mouvement. Il est expérimental, et ne soulève
aucune difficulté : c'est l'expression scientifique de la passivité de la matière, admise également par la philosophie.
L'autre principe est que la matière mise en mouvement
conserve indéfiniment ce mouvement.

Ce dernier principe n'est pas directement expérimental ;
on n'a jamais vu un corps conserver indéfiniment son mou-

(1) *Unité des forces phys.*, t. I, ch. 2.

vement ; il faudrait que notre observation s'étendit à l'infini. Mais on en a des preuves indirectes très convaincantes. Toutes les fois qu'un mouvement cesse, on peut assigner une cause qui l'empêche de continuer ; toutes les fois qu'il n'y a pas de cause destructive du mouvement, les accélérations s'accumulent. La loi est donc certaine : mais que représente cette loi ? A-t-on le droit de la considérer, avec M. Biot et M. Janet[1] , comme une propriété primitive de la matière, au delà de laquelle il n'y aurait plus rien à chercher ?

M. Janet prétend que la matière peut être aussi naturellement en mouvement qu'en repos[2]. L'éminent académicien s'est-il bien rendu compte de ce qu'est un mouvement ? On a pris l'habitude de parler d'un état de mouvement : c'est une expression absolument inexacte. A le prendre en rigueur un état est précisément le contraire d'un mouvement : un état est quelque chose de stable et qui persévère ; un mouvement est un changement, ou plutôt c'est le changement lui-même. On ne peut dire qu'un mouvement est un état que par une de ces formules vagues fondées sur une analogie lointaine, comme on parle de voir les ténèbres. Le mouvement est le passage d'un point à un autre : *omnis mutatio est e quodam in quiddam*[3], et la continuité du mouvement n'est que la continuité jamais interrompue de ces passages. Mais un passage est un acte, et veut une cause ; cette cause doit durer autant que le passage lui-même, à moins qu'elle ne soit substituée par une autre, d'après ce principe inattaquable de la métaphysique : la cause cessant, l'effet cesse ; *cessante causa, cessat effectus*. Sans doute, le mouvement est naturel à la matière, comme la pensée est naturelle à l'homme : mais dans l'homme la pensée s'explique par une faculté toujours présente ; dans la matière le mouvement doit être expliqué par quelque cause active et permanente comme lui.

Quelle est cette cause ? Diverses écoles ont essayé de l'indiquer, chacune d'après son point de vue.

(1) *Matérialisme comtemporain*, p. 74.
(2) Ibid., p. 50.
(3) *Comment. sur la phys.*, 6, 13.

Les scolastiques moins anciens, qui aiment beaucoup les qualités, ont supposé à cet effet une qualité dans les corps. Ils lui donnent le nom d'*impetus*. Cette qualité entre en jeu à la suite du choc, comme un ressort mis en liberté, et ne cesse son action que quand elle est comprimée par quelque circonstance nouvelle.

Le défaut de cette conception est d'établir une action sans but, puisque le mouvement doit se continuer indéfiniment. L'*impetus* tend à faire passer le corps d'un lieu à un autre, sans une détermination complète de ce lieu nouveau. L'*impetus* va toujours de l'avant, sans savoir où ; il n'est jamais satisfait, parce qu'il n'a aucun terme déterminé. Que devient donc la règle d'Aristote : tout changement est d'un point à un autre, *omnis mutatio e quodam in quiddam*? S. Thomas n'admet point, d'ailleurs, que le choc imprime au mobile une vertu quelconque : « Il ne faut pas comprendre, dit-il, que l'efficacité d'un moteur externe imprime quelque vertu dans la pierre à laquelle il donne l'impulsion : *Non est intelligendum quod virtus violenti motoris imprimat lapidi qui per violentiam movetur aliquam virtutem*[1] . »

Quant à lui, il acceptait l'explication d'Aristote, qui attribuait la continuation du mouvement au milieu. D'après le philosophe grec, l'air, poussé en même temps que la flèche, la pousse à son tour jusqu'à un point déterminé par l'épuisement des impulsions successives[2]. Pour justifier cette manière de voir, Aristote s'efforçait d'établir qu'un moteur peut mouvoir encore au moment même où il s'arrête. Cette démonstration est insuffisante : Aristote ignorait les lois de l'élasticité des corps. Mais remplacez l'air par un milieu parfaitement fluide et parfaitement élastique, vous aurez une explication très semblable à celle de quelques savants contemporains.

Ceux-ci ont essayé d'expliquer le mouvement par les actions réciproques des éléments matériels, attractions ou répulsions. Le jeu de ces forces, s'exerçant dans des conditions déterminées suffirait, à produire tous les mouvements dont

(1) *De cœlo et mundo*, III, 7.
(2) *Phys.*, VII, 3.

nous sommes témoins. St-Venant, qui cite cette opinion, paraît au fond la partager, car il déclare qu'il y a sur tout corps à toute distance des actions venant du dehors pour modifier sa vitesse, et que toute question de mouvement se ramène à des questions d'équilibre. Il regarde d'ailleurs comme nécessaire, aussi bien que nous, de modifier la formule ordinaire de la loi d'inertie. L'inertie, dit-il, que l'on regarde tantôt comme une négation, tantôt comme une affirmation d'une propriété des corps, a besoin d'être envisagée désormais d'une manière plus déterminée et autre que ce qui résulte de sa définition ordinaire[1]. Cet illustre académicien, qui avait bien voulu faire partie de la Société de S. Thomas d'Aquin, était un de ces savants, trop rares aujourd'hui, qui ont l'esprit philosophique, c'est-à-dire qui éprouvent le besoin de se rendre complètement compte des notions qu'ils emploient.

Où tend toute cette discussion ? Voulons-nous donc résoudre la question si délicate de l'origine du mouvement ? Non, certainement : la philosophie ne le peut à elle seule ; il n'appartient pas à la raison de se prononcer seule sur la nature des faits physiques. Celle-ci relève aussi de l'observation. La philosophie ne peut qu'examiner les caractères des faits constatés, et rechercher s'ils peuvent représenter la nature essentielle et irréductible des choses. Peu nous importe donc que les solutions présentées plus haut soient évidemment incomplètes. Tout ce que nous voulons établir, c'est qu'on n'expliquera pas le mouvement et sa conservation d'une manière rationnelle sans recourir à quelque propriété active dans la matière même, que par conséquent les corps sont réellement et proprement actifs, et exercent les uns sur les autres des actions réciproques.

Si les corps exercent une activité transitive, nous ne pouvons refuser le même privilège aux esprits, en tant que la philosophie reconnaît leur existence possible. L'homme est actif et cause, à la fois comme esprit et comme corps. Toutes les créatures sont donc actives et causes, et elles

(1) *Constitut. atomique des corps* (Annales de la Société scientif. de Bruxelles, 1878).

n'existent que pour être causes. C'est l'opinion formelle de
S. Thomas d'Aquin. Ce grand et profond docteur n'admet
pas, sans doute, comme Leibnitz, que la substance soit identique à la force ; mais il déclare que toute substance a naturellement et nécessairement quelque force. « Ce qui convient
essentiellement à un être, dit-il, lui appartient nécessairement ; mais agir convient à l'être en acte ; donc tout être
actuel est destiné à produire quelque chose d'actuel : *Quod
per se alicui convenit naturaliter, ei inesse necesse est ; sed
agere convenit enti in actu ; omne igitur ens in actu natum
est agere aliquid actu*[1]. » Ce texte est cité par M. Gardair
dans sa remarquable étude sur l'*activité des corps inorganiques.*

La causalité des êtres créés étant établie, il nous reste à
déterminer les lois générales de cette causalité.

La première loi des causalités créées est d'être incomplètes : nous avons déjà indiqué cette loi en parlant de la causalité divine. La causalité créée ne peut produire tout l'être
effet. Elle ne fait pas exister la chose, elle la fait seulement
telle ou telle ; elle ne donne pas l'être absolu, mais seulement l'être spécifique. L'action volontaire de l'homme, qui
nous paraît si puissante, est en fait le mode le moins complet
de causalité. Elle ne produit de toutes pièces aucun phénomène ; elle ne fait que les utiliser, les appliquer, les diriger.
Cette forme même qu'elle leur impose, elle ne la crée pas.
Toujours l'homme l'a rencontrée quelque part, ou elle lui a
été inspirée par quelque nécessité ; s'il modifie ce qu'il a vu,
c'est dans une limite fort restreinte. La causalité naturelle
est plus efficace ; elle va jusqu'à changer les qualités des
choses, quelquefois même leur nature : l'être vivant rend
vivante la matière qu'il s'assimile. Mais toujours il faut une
matière sur laquelle la cause puisse opérer. Les actions immanentes n'ont pas plus de puissance ; elles ne créent rien,
elles ne font que développer : une pensée n'existe que de
l'existence du moi ; et la forme qu'elle revêt, elle l'emprunte
ailleurs, se bornant à lui communiquer le mode d'être intelligible. Ainsi jamais la créature n'est créatrice ; jamais elle

(1) *C. Gentes*, II, 6.

ne peut produire un être substantiel, parce que sa faculté, n'existant qu'appuyée sur sa substance, ne peut rien exécuter sans trouver un aide et un appui.

Cette première loi conduit à une seconde, qui n'est pas moins essentielle : tout agent créé suppose un patient ; le pouvoir qu'a un être de produire une modification suppose dans quelque être le pouvoir de la recevoir ; l'activité des créatures ne va pas sans une passivité correspondante ; à côté d'une puissance active, il existe toujours une puissance passive.

Cette loi s'applique, en un certain sens, même aux actions immanentes. La créature qui agit en soi-même, du moment qu'elle agit, passe de la puissance à l'acte ; elle devient ce qu'elle n'était pas, elle reçoit donc quelque chose[1]. Elle ne se met pas entièrement en acte, ce serait impossible ; par nature elle est en acte sur quelque point, et se met en acte sur les autres. Ainsi, il serait impossible de penser, si l'on n'avait d'abord une certaine pensée présente, de laquelle, comme point de départ, l'activité intellectuelle s'étend aux autres. Quand je suis né à la vie de l'esprit, une pensée a été suscitée en moi par l'impression sensible. J'ai connu d'abord par une nécessité naturelle et la donnée sensible et moi-même qui la connaissais. De là je suis parti pour conquérir toutes les notions que j'ai acquises, que j'ai transformées, que j'ai développées. Cette merveille recommence tous les matins : chaque matin le sens réveille l'intelligence et l'appelle pour se remettre à l'œuvre. L'ange ne subit pas cette nécessité, et cependant lui non plus n'est pas toujours et pour tout en acte complet. Sa substance et les formes que Dieu a imprimées dans son intellect lui sont sans doute toujours présentes. Mais il ne considère pas ces formes toutes à la fois ; et quand il pense à l'une de préférence aux autres, il passe dans une certaine mesure de la puissance à l'acte. Plus l'ange est élevé en nature, moins, selon S. Thomas, ces formes sont nombreuses, parce que chacune embrasse une plus grande étendue d'objets. Il passe donc moins souvent de la puissance à l'acte. Dieu seul n'accomplit jamais

(1) *Sum. th.*, I, 79, 2.

ce passage, parce qu'il considère toutes choses dans une seule idée par un regard éternel.

Les êtres supérieurs ont donc quelque passivité, en tant qu'en se développant, leur nature reçoit ce qu'elle produit à un autre point de vue ; en ce sens ils sont en quelque manière passifs. Chez les créatures inférieures l'activité et la passivité sont nettement séparées : la puissance active est dans l'une, la puissance passive dans l'autre. C'est là proprement qu'il y a opposition de l'agent et du patient. L'attraction suppose un être qui attire et un être qui est attiré ; l'action calorifique, un être qui échauffe et un être qui est échauffé ; la génération, un être qui a la vie et un être qui devient vivant, etc. Il est bon de remarquer que les anciens scolastiques ne reconnaissaient pour actions vraies et prédicamentales que les actions transitives. Leur théorie de l'action, tirée de la théorie d'Aristote sur la génération, ne s'appliquait directement qu'à celles-là. S. Thomas aurait dit quelque part que penser, vouloir, sentir, ne sont pas proprement des actions, mais des manières d'être en acte[1].

Quoi qu'il en soit, on peut dire que, d'une manière plus ou moins formelle, tout agent veut un patient. Aristote définit la puissance active le principe du changement dans un autre : ἀρχὴ μεταβολῆς ἐν ἑτέρῳ[2]. En effet, ce qui agit est toujours à quelque égard distinct de ce qui reçoit. Donner et recevoir sont deux termes qui s'opposent ; il y a au moins une différence de point de vue. N'y eût-il aucune distinction quant à l'existence et à l'individualité, ce qui reçoit n'est pas, comme tel, le même que ce qui produit.

Mais le patient pour être atteint doit remplir certaines conditions. Par exemple, il devra se trouver entre lui et l'agent un certain rapport de nature. Comment l'agent pourrait-il transmettre quelque chose au patient, si la nature de celui-ci était absolument étrangère au phénomène transmis ? Un corps ne saurait échauffer un esprit. On dit généralement, dans l'École, que l'agent et le patient doivent être du même genre, mais non de la même espèce : du même genre, pour

---

(1) *De sex principiis*, tract. primus (l'authenticité en est douteuse).
(2) *Met.*, V, 12.

que la propriété produite par l'un puisse convenir à l'autre ; non de la même espèce, parce que, s'ils étaient spécifiquement identiques, l'un n'aurait rien à recevoir de l'autre qu'il n'eût déjà. Mais ceci ne doit être entendu que des causes dites univoques, je veux dire de celles qui produisent dans le patient la propriété qu'elles possèdent physiquement elles-mêmes. Les causes équivoques, qui ne possèdent l'effet qu'éminemment, ne sont pas nécessairement du même genre.

Mais voici une autre condition qui est absolue : c'est que l'agent soit en contact avec le patient. Il n'y a pas d'action à distance. La raison en est simple : l'action, si elle est immédiate, est par elle-même un contact. Agir sur une chose, lui appliquer sa vertu, c'est la toucher.

Mais, dira-t-on, ce contact d'efficacité n'est pas nécessairement un contact substantiel. Nous voyons la nature pleine d'actions à distance. Les êtres agissent l'un sur l'autre séparés par des intervalles souvent énormes ; le soleil, à trente millions de lieues, maintient la terre dans son orbite. Que peut opposer la métaphysique à des expériences aussi positives, sinon des principes abstraits fondés sur de subtiles distinctions ?

La métaphysique ne nie pas les expériences ; mais elle prétend qu'elles doivent être expliquées d'une manière rationnelle. Peut-on concevoir rationnellement une action à distance ? Quelle est la base de l'efficacité de l'agent ? N'est-ce pas le pouvoir actif que possède sa substance. Comment admettre que ce pouvoir se sépare, s'isole, pour aller courir après un autre objet ? Le principe est indiscutable : Là où un être agit, il est ; *ubi operatur, ibi est*[1]. Il y est par sa sa substance, parce que son opération ne peut s'en séparer : le contact virtuel est en même temps un contact substantiel. Ce contact n'est pas, sans doute, une identification, l'agent reste distinct du patient auquel il s'applique ; mais s'il agit immédiatement sur lui, il en est voisin réellement et physiquement ; s'il n'agit pas immédiatement, ce n'est pas lui, c'est quelque autre, mis par lui en mouvement, qui exerce directement son action sur le patient.

(1) *Sum. th.*, I, 53, 2.

Les faits prouvent qu'il y a des actions à distance ; mais ils ne prouvent nullement que ces actions soient primitives et immédiates : l'erreur est de leur prêter ces caractères. Nous ne connaissons le dernier fond d'aucun fait physique. Nous voyons bien les corps tendre les uns vers les autres : nous ignorons absolument par quelle vertu secrète. Nous disons qu'ils s'attirent : Newton, plus prudent que ses successeurs, disait simplement que tout se passe comme s'ils s'attiraient. Quelle est donc cette vertu d'attraction que nous nommons d'après ses effets ? Nous en ignorons absolument la nature. Ne peut-elle être l'effet secondaire d'actions qui nous seraient inaccessibles dans leurs effets propres ? Il n'y a pas d'opposition réelle entre la physique et la métaphysique. Mais la métaphysique, sur le terrain des idées générales, est arrivée aux dernières profondeurs plus vite que n'a pu le faire la physique dans l'observation des phénomènes particuliers. Elle sortirait de son rôle si elle voulait contester les phénomènes observés, ou leur interprétation naturelle ; mais elle est dans son droit de dire aux savants qu'ils sont loin, très loin encore du dernier fond de la réalité. C'est pour eux à la fois une leçon de modestie et une excitation à pénétrer plus avant si une voie nouvelle s'ouvre quelque jour devant eux.

Passons aux conditions générales que doit présenter l'agent. Et d'abord, qui est l'agent ?

Dans une étude précédente, nous avons établi la distinction entre la substance et la faculté : la substance dont l'acte propre est d'être, est essentiellement différente de la faculté, dont l'acte propre est l'opération. Est-ce donc la faculté seule qui agit ? et la substance n'est-elle qu'un support inerte ? Ce serait mal comprendre les distinctions scolastiques que d'y voir des entités juxtaposées se développant chacune pour leur compte. Les grands philosophes du moyen âge n'y ont jamais vu qu'une analyse approfondie des conditions constitutives des êtres et ont toujours insisté sur la réelle unité de l'individu. Il n'existe point une puissance active d'un côté et une substance de l'autre. Il existe un sujet qui est substance par son être et qui est doué d'une faculté par laquelle il agit. Loin qu'il soit étranger physiquement à l'action, c'est de son existence seule que la faculté reçoit avec sa propre existence l'actualité de son pouvoir de développement : *actualitas formæ accidentalis causatur ab actualitate subjecti* [1]; c'est à cause de cette intimité du sujet et de la puissance, qui n'en est qu'une détermination supérieure, que le mode d'action suit le mode d'être : *modus operandi sequitur modum essendi* [2], ou, comme on dit dans l'Ecole : *operari sequitur esse,* l'action suit l'être. Comment la faculté agirait-elle par elle-même puisqu'elle n'existe point par elle-même? Cela seul agit par soi qui existe en soi : *nil per se potest operari nisi quod per se subsistit* [3]. C'est donc vraiment le sujet qui agit; et la puissance n'est que la condition, ou, comme on disait autrefois, la forme en vertu de laquelle il agit : *forma quo agens agit.*

Nous insistons sur ces considérations parce que les distinctions scolastiques, ordinairement mal appréciées, sont parfois le texte d'accusations superficielles de la part de gens qui aiment mieux les ridiculiser que d'en sonder la profondeur.

C'est donc celui qui est qui agit : *existentis est agere* [4]. De là cet aphorisme très répandu dans l'Ecole, que les actions sont au sujet : *actiones sunt suppositorum.* La vraie cause de l'action n'est donc pas la faculté seule, mais le sujet doué de la faculté ; ou, si l'on veut, le sujet et la faculté sont tous deux causes, et même causes totales, mais d'une autre manière et dans un autre ordre : l'une apportant l'efficacité, l'autre donnant l'existence actuelle à cette efficacité. Nous avons vu que Dieu dans son ordre est aussi cause totale de toutes les actions. Il suit que chaque action a trois causes totales bien que subordonnées l'une à l'autre : la cause première qui est la source de toute puissance, le sujet en qui et par qui la puissance se réalise, et la faculté qui lui donne d'être efficace et fécond.

(1) *Sum. th.,* I, 77, 6.
(2) *Ibid.,* I, 12, 4.
(3) *Ibid.,* I, 75, 2.
(4) *Ibid.,* I, 77, 1.

La faculté considérée en elle-même n'est qu'une puissance : quand elle se développe, elle arrive à quelque chose de nouveau, qui est son acte. Mais, d'après les principes d'Aristote, aucune puissance ne peut passer à l'acte par elle-même ; il faut qu'elle y soit conduite par quelqu'être déjà en acte : *de potentia non potest reduci aliquid in actum, nisi per aliquid ens in actu* [1], ce que le P. de Régnon a traduit par cette expression un peu vague, mais saisissante : *l'être prime le non-être.* La vertu divine est d'abord en acte, puisqu'elle est l'être absolu. Toute vertu créée, au contraire, est d'abord puissance, et par là même elle a besoin d'une détermination venue du dehors. C'est une loi très importante, sur laquelle nous reviendrons prochainement, et une de celles qui contribuent le plus à la solidarité de toutes les parties de l'univers.

Non seulement la puissance doit être déterminée à l'acte, mais elle doit être déterminée à tel ou tel acte. L'action ne peut se développer sans un terme précis qui lui soit assigné. Tout est déterminé dans la nature, disent les physiciens, et souvent ils exagèrent ce principe en mettant la détermination là même où il ne peut y en avoir, dans les rencontres accidentelles des grandes séries de phénomènes. Nous aussi, métaphysiciens, nous disons que tout est déterminé. Il serait absurde qu'une cause se portât à agir sans se porter à telle ou telle action particulière. Cette détermination vient de la disposition même de la cause, si elle est aveugle, ou, si elle est intelligente, de la connaissance du but proposé. C'est pourquoi on dit que l'effet préexiste dans la cause, c'est-à-dire que le caractère que doit réaliser l'effet préexiste déjà en elle au moment où elle fait sa dernière démarche pour le réaliser.

De ce principe dépend un adage souvent invoqué par les scolastiques : tout agent produit un effet qui lui est semblable, *omnis agens agit simile sibi* [2]. Cet adage a son application la plus nette dans l'acte de génération, qui a toujours été pour les péripatéticiens le type de l'action transitive : le

(1) *Sum., th.,* 1, 2, 3.
(2) *C. Gentes,* I, 29.

fils est vraiment semblable au père. Mais dans toute action la puissance agissante doit évidemment être déterminée d'abord au résultat qu'elle tend à obtenir ; et cette détermination est nécessairement quelque chose de semblable à l'effet, ou formellement, ou intentionnellement, ou du moins éminemment. Je n'excepte que le cas de la puissance instrumentale appliquée à un résultat plus élevé qu'elle-même : l'application du principe doit être alors cherché dans la cause principale, et il faut préciser comment l'effet propre de l'instrument peut servir au résultat définitif.

Le R. P. de Régnon, qui a étudié ces questions d'une manière si complète et avec tant de profondeur, remarque très justement que ce principe est d'une importance capitale. C'est lui qui nous permet de remonter de l'effet à la cause et d'en avoir une connaissance approximative. La cause n'est pas toujours semblable à l'effet, bien souvent elle le dépasse ; mais l'effet est toujours semblable à la cause ou à quelque chose de la cause, puisque celle-ci ne pourrait le produire si elle ne possédait en soi-même quelque condition analogue qui dirigeât son efficacité. Si nous avons la vie, l'intelligence, la volonté, nous avons droit de conclure que l'auteur de notre être a aussi ces perfections sous quelque forme qui nous dépasse ; s'il n'avait rien trouvé en soi d'analogue, comment eût-il dirigé son efficacité à leur production ? Il est de mode de dire aujourd'hui qu'il est l'« inconnaissable ». Oui, il est inconnaissable en lui-même, et les fondateurs de la philosophie traditionnelle n'ont pas attendu M. Herbert Spencer pour le constater ; mais il est connaissable par ses effets en une certaine mesure, parce que ces effets supposent en lui des avantages analogues à ceux qu'il leur a communiqués.

Mais il y a chez beaucoup de savants contemporains, je dirais même chez beaucoup de ceux qui s'appellent aujourd'hui philosophes, une incapacité extraordinaire pour les conceptions métaphysiques et le raisonnement abstrait. L'absence trop fréquente d'éducation philosophique, l'habitude de ne considérer que le fait brut étouffent en eux la faculté d'envisager la signification rationnelle des faits. J'en ai vu des plus éminents trouver fort naturel que le plus puisse

sortir du moins, parce que dans la nature on voit souvent le
moins se développer et donner le plus. Oui, le moins donne
le plus ; et puisque cela est, cela est possible ; il reste à
rechercher dans quelles conditions cela est possible. Cette
recherche mène précisément à voir, non seulement que la
nature ne se suffit pas à elle-même et appelle une cause supérieure, mais encore que ces faits constatés par les savants,
ces faits sur lesquels ils élèvent l'édifice si vaste déjà et si
solide des sciences naturelles, sont bien loin d'être les conditions primitives et élémentaires des corps. Quand nous arri-
verons à ces conditions primitives, si jamais cette fortune
est accordée à la science, les lois de la métaphysique s'y
appliqueront d'elles-mêmes, parce que ces lois sont après
tout les lois mêmes de la pensée, et que c'est la pensée qui
a fait les mondes.

Il y a quatre cents ans, Christophe Colomb partait de Ca-
dix pour trouver une route vers l'Asie, vers cette Inde légen-
daire qui faisait la fortune des Portugais. Les matelots im-
patients, magnétisés par les ennuis d'une longue traversée
croyaient à chaque instant voir l'Asie ; un nuage, un îlot, un
banc de plantes marines leur semblait la côte d'Asie. Enfin
on arrive à une terre, on débarque, on se croit en Asie. On
en était à mille lieues, mais on avait découvert un monde.
Ainsi la science poursuit à travers d'immenses recherches
le secret de la constitution des êtres. Chemin faisant elle a
trouvé des phénomènes merveilleux ; elle a formulé des lois
très importantes ; elle a donné à l'homme une puissance sur
la nature dont il s'étonne lui-même. Tout cela est grand,
tout cela est beau, tout cela est utile. Mais la réalité intime
des choses est encore bien éloignée, les derniers phénomènes observés sont superficiels vis-à-vis des caractères pri-
mitifs et irréductibles des êtres. Il faut que la science le
sache afin qu'elle n'imagine pas pouvoir arriver à elle seule
à ce fond primitif où se cachent les raisons dernières des
choses et le secret de notre destinée.

CHAPITRE V

DÉTERMINATION DES CAUSES CRÉÉES

Nous avons dit que les causes créées ne peuvent entrer en acte sans y être déterminées, nous allons rechercher les principes de cette détermination.

Dieu pourrait assurément déterminer ces causes directement : il peut produire par sa puissance immédiate tous les effets des causes secondes. Il ne le fait pas d'ordinaire. Créateur de la nature pour l'accomplissement de certains buts, il la laisse suivre sa marche par les propriétés qu'il lui a conférées. Sans doute, il lui fournit l'être qu'elle ne peut se donner à elle-même; et à mesure qu'elle s'élève plus haut, il lui fournit plus d'être : c'est ce que nous avons appelé le concours divin ; mais l'être communiqué s'emploie suivant les lois propres à la créature. C'est donc une déception, en dehors de l'ordre surnaturel, pour lequel l'action divine est indispensable, de chercher à expliquer la nature par une intervention directe autre que la création. C'est en elle-même, dans son essence et dans les facultés dont elle est douée qu'on doit trouver et les causes des phénomènes qu'elle manifeste, et les principes qui déterminent ces causes.

Toutes les causes n'ont pas besoin des mêmes principes de détermination ; ou, si l'on veut, certains principes sont inclus parfois dans la nature de la cause elle-même, qui n'a pas besoin, pour les développements de cet ordre, d'une autre influence. Mais, en général et en considérant les choses à un point de vue purement métaphysique, on peut dire que toute cause créée a besoin de deux ordres de détermination. Elle

est primitivement en puissance et comme endormie : il faut
quelque chose qui l'excite et la réveille, qui lui donne le
mouvement pour passer à cette manière d'être en acte qu'on
appelle l'opération. Elle peut s'appliquer à divers objets : il
faut une raison qui la détermine à se tourner vers un objet
de préférence à tout autre. Cette raison est tantôt la présence
même de l'objet, pour les actions transitives, tantôt, pour
les actions immanentes, une forme intérieure qui incline la
faculté à agir dans un certain sens. Une telle forme était
classée par les péripatéticiens dans la catégorie de qualité,
et dans la première classe de cette catégorie qu'on a désignée sous l'étiquette *habitudes* et *dispositions* : elle est en
effet comme une habitude qui tourne la faculté vers une
espèce d'actions particulières. La faculté elle-même était
placée dans la seconde classe des qualités, puissance ou impuissance, comprenant les principes immédiats d'activité.

Nous avons vu autrefois que la substance, qui paraît au
premier abord toute simple, est constituée par trois éléments
distincts ; matière, forme, acte d'être. Nous voyons ici que
l'opération ne se produit pas non plus sans le concours de
trois éléments. Elle implique une cause active, ou faculté ;
elle implique ce qui donne le branle à cette cause, ce que
nous pourrions appeler le principe impulsif ; elle implique
enfin ce qui dirige cette cause à un but déterminé, le principe spécificateur. La faculté donne le mode générique ; la
forme accidentelle, ou habitude, donne le mode spécifique ;
et l'impulsion donne d'être en acte. Le mouvement, ce phénomène qui nous est si familier, nous présente comme une
image de ces différentes conditions : la vitesse ne suffit pas
à elle seule pour constituer le mouvement ; il faut encore
l'impulsion, qui le détermine, et la direction, qui le règle et
lui trace sa route.

Ainsi, toujours la métaphysique tend à distinguer, à préciser les dernières conditions élémentaires, et, comme le
disait Aristote dans un sens très large, les causes des choses:
grand service rendu à la science, car toute notion mal pré-
cisée est une source de confusions, par conséquent de méprises et d'erreurs. En abandonnant ces distinctions, qu'elle

trouvait trop subtiles, l'école cartésienne a complètement désarmé la philosophie. Nous ne saurions trop le répéter : toute science vit d'analyse et de distinctions ; c'est l'analyse surtout qui étend nos connaissances en leur donnant plus de profondeur. Comment s'est perfectionnée la physique ? n'est-ce pas en cherchant à ramener tous les phénomènes qu'elle étudie à des phénomènes plus simples ? Comment s'est développée la chimie ? n'est-ce pas en ramenant tous les corps à leurs premiers éléments ? Qu'on laisse donc également la philosophie pénétrer et classer les conditions primitives des choses, et porter une clarté précise là où nous ne voyons souvent que des formes confuses. Si les savants, quand ils constatent une cause, savaient exactement quelle nature d'être elle représente, à quelle catégorie la rapporter, quels caractères lui attribuer, il est probable qu'ils commettraient moins de tâtonnements, que leurs théories seraient plus complètes, leurs hypothèses plus stables et leurs conclusions générales plus saines.

On commence à s'apercevoir de l'élégante insuffisance du spiritualisme cartésien. Les nouvelles écoles criticistes et positivistes essaient volontiers des analyses et des distinctions. Avec quelle maladresse ! On distingue les petits côtés ; on confond les caractères essentiels. Celui-ci assimile la sensation à un acte réflexe, parce que tous deux ont pour origine une impression physique. Celui-là croit être profond en classant les sensations en états forts et en états faibles, comme si une différence d'intensité pouvait représenter toute seule une différence de nature. Chacun suit l'idée qui le frappe ou qui flatte ses préoccupations. On dirait des enfants, qui croient faire de la botanique en classant des objets d'après leur forme extérieure et qui mettent les vrilles à côté des branches, les feuilles colorées avec les fleurs, les racines bulbeuses avec les fruits, les étamines avec les pistils, sans souci de la diversité d'origine et de fonctions. Aussi, pourquoi vouloir résoudre de soi-même, suivant l'humeur et l'occasion, des questions si délicates, en dédaignant les profondes études de nos ancêtres et le long travail des siècles ?

Mais laissons ces penseurs, dont les analyses fantaisistes ont fait de la philosophie du jour une véritable tour de Babel, et revenons à notre sujet.

Nous avons indiqué deux classes de circonstances ou de principes déterminants : les circonstances excitatrices ou impulsives et les circonstances spécificatrices. Ces circonstances sont tantôt extérieures, tantôt intérieures ; extérieures, ce sont d'autres causes en acte qui agissent sur la faculté considérée et la provoquent à l'acte ; intérieures, elles sont tantôt la nature de la faculté elle-même, tantôt une forme ou disposition qui en est distincte. Il y a distinction réelle quand la nature de la faculté n'implique pas essentiellement cette forme : ainsi la nature de l'intelligence n'implique pas la forme que revêt telle ou telle pensée. Quand je dis distinction réelle, je ne dis pas qu'il y ait des êtres réels distincts ; telle n'est point la portée des distinctions métaphysiques. Il n'y a qu'un être individuel, revêtu de différents caractères qui lui donnent des déterminations de plus en plus précises et complètes. Je dis que ces caractères sont réellement distincts, en ce sens seulement que le caractère inférieur peut être donné sans le supérieur, et que le caractère supérieur peut varier sans l'inférieur.

Il n'est point du domaine de la métaphysique d'étudier dans le détail toutes les circonstances déterminantes dont le concours amène les phénomènes du monde soit physiques, soit intellectuels. Ceci ressort aux sciences particulières. Ces sciences sont, suivant la remarque de Claude Bernard, l'étude des conditions d'apparition des phénomènes. Empiéter sur leur domaine serait une témérité que ne doit pas risquer notre incompétence. Nous avons le droit cependant de ne pas rester dans les dernières généralités, insuffisantes pour donner une idée précise des notions. Il sera utile de jeter un coup d'œil sur les grandes séries de phénomènes et de chercher comment sont réalisées pour chacune les conditions que nous avons énumérées.

Les phénomènes les plus inférieurs sont ceux du monde inorganique. On peut en distinguer deux classes, les phénomènes proprement physiques : mouvement, pesanteur, cha-

leur, électricité, lumière, etc., et les phénomènes chimiques
de composition et de décomposition. Il est facile de constater ces phénomènes, il l'est beaucoup moins de comprendre
leur nature. Nous ne comprenons bien que les choses dont
nous voyons directement la nature intime, et nous ne voyons
ainsi que les propres actes de notre esprit. Aussi partout
ailleurs rencontrons-nous à chaque pas des antinomies qui
nous avertissent du caractère superficiel de nos connaissances. On a cherché à mieux pénétrer la nature des phénomènes du monde inorganique : nous avons dit ailleurs la tendance très générale des savants modernes à ramener toutes
les propriétés des corps à des formes du mouvement. Nous
ferons ici abstraction de cette tendance ; au point de vue
qui nous occupe, nos conclusions n'en seraient pas chan-
gées.

La plupart des grands phénomènes physiques : mouvement, chaleur, lumière, etc., exigent nécessairement une
impulsion venue du dehors. Aucun corps ne se met en mouvement, ne s'échauffe ou ne se colore que sous l'impression
d'un être ayant déjà ces propriétés en acte. Tout mobile
appelle un moteur ; tout corps obscur réclame un corps lumineux pour être vu. Ici apparaît manifestement la passivité des corps et leur impuissance originelle à s'élever d'eux-
mêmes à l'activité.

Les circonstances spécificatrices, au contraire, paraissent
moins indispensables. Chaque propriété de la matière semble
n'avoir qu'un mode de manifestation : il n'y a point deux
natures de vitesse, de chaleur ou d'état électrique ; il n'y a
que des degrés d'intensité. Seule la lumière se présente à
nous avec des colorations diverses. A quoi tiennent ces colorations ? Est-ce à la faculté vivante de l'organe sensible ?
d'où viendraient à celle-ci ces déterminations ? Est-ce à la
nature des rayons lumineux eux-mêmes ? pourquoi sont-ils
appréciés, suivant les cas, d'une manière si différente ? pourquoi deux rayons dont l'un est rouge et l'autre vert donnent-
ils juxtaposés une impression tout autre, celle du blanc,
qui n'est originairement dans aucun d'eux. Quoi qu'il en soit,
de l'aveu de ceux qui considèrent les couleurs comme plei-

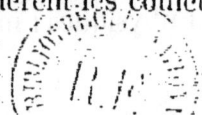

nement objectives, elles tiennent à la nature même de l'objet qui a mis en mouvement le milieu lumineux. Il n'y a là en aucun cas une circonstance différente de celle qui donne l'impulsion.

Il en est de même de la direction. Toutes ces propriétés se développent naturellement sans direction spéciale, mais en même temps de tous côtés. La chaleur rayonne tout autour du corps chaud, la lumière du corps lumineux se propage dans tous les sens. L'électricité semble affecter certaines directions, mais elles tiennent à la forme du corps électrisé. Pour imprimer, en effet, à la propagation de ces phénomènes une direction spéciale, il faut une circonstance extérieure qui les dirige et les contienne. Ainsi un fil conduit le courant électrique; une ouverture, un miroir ou une lentille impriment à la lumière ou à la chaleur une direction particulière. Il en est de même de la propagation du mouvement dans un corps fluide; s'il n'est contenu, il se répand uniformément autour du centre d'impulsion. Mais le mouvement de transport d'un corps solide affecte toujours une direction constante déterminée par le mode d'impulsion. Cette direction ne peut être modifiée que par l'intervention de circonstances nouvelles.

Ainsi, nécessité d'une impulsion, importance secondaire des autres circonstances pour leur développement naturel, telle paraît être la loi générale de la plupart des phénomènes physiques. Je dis « paraît », car, en semblable matière et sur un sujet dont la nature est si obscure, nous ne pouvons prétendre à une complète certitude.

Un seul ordre de phénomènes fait exception : la gravitation, ou pesanteur. Celui-ci se rapproche plutôt, par sa nature apparente, des phénomènes chimiques. Dans tous ces phénomènes, il semble qu'il y ait une force toujours en tension, toujours prête à agir et qui n'attende qu'un objet approprié. Il n'y aurait donc pas besoin d'impulsion ; la présence de l'objet suffirait. Ainsi, la terre a une puissance d'attraction toujours disponible ; qu'une comète vienne à passer dans sa sphère, elle est attirée. De même le potassium est toujours prêt à absorber l'oxygène; il va même jusqu'à l'enlever à des combinaisons où il le rencontre. D'autres fois cependant les affinités ne se développent point par la seule présence de l'objet ; elles semblent attendre une circonstance qui leur donne l'impulsion ou qui, peut-être, enlève certains obstacles. Dans un grand nombre de cas, la lumière, la chaleur ou l'électricité doivent être appliquées. On sait l'affinité remarquable du chlore pour l'hydrogène : cependant, si vous mettez ces deux corps en présence, il ne se produit aucun effet. Mais si le vase qui les contient est transparent et si un rayon de soleil vient tomber sur ce vase, la combinaison se fait subitement, le vase éclate et ses débris sont projetés au loin.

Ainsi nous trouvons deux types d'actions dans les corps : les unes ont surtout besoin d'une impulsion, les autres surtout de la présence de l'objet. Dans les unes, la propriété semble complètement endormie ; dans les autres, elle semble éveillée et prête à se jeter sur la proie qui passe. Ces deux types pourraient-ils se ramener à un seul ? et quel pourrait être le type principal ? Devons-nous ramener toutes ces actions au premier type, qui représente mieux l'inertie de la matière ? Devons-nous préférer le second, le monde ne pouvant guère marcher de lui-même sans quelque cause active dès le début ? A ces questions, l'expérience ne fournit pas encore les éléments d'une réponse certaine.

Ce que nous pouvons retenir de ces considérations générales, c'est l'importance, dans le monde physique, des circonstances extérieures. Jamais un corps ne trouve en lui-même tout ce qu'il lui faut ; toujours il a besoin d'un autre corps pour développer ses énergies. Ou le point de départ, ou l'objet de son activité est hors de lui. Toute action physique est donc subordonnée à une condition : c'est qu'elle rencontrera une circonstance appropriée.

On répète sans cesse que les lois de la nature sont nécessaires, et l'on en tire souvent je ne sais quels arguments contre le miracle, contre la liberté de l'homme ou contre l'intelligence de la cause première. On peut voir que cette nécessité est loin d'être absolue. Oui, elles sont nécessaires, en ce sens que, les deux termes étant posés, l'effet suit infailliblement. Mais tout dépend du rapprochement des deux termes, et il n'y a pas de loi pour ce rapprochement. Si A rencontre B, ils agiront certainement l'un sur l'autre : c'est la loi de la nature, et cette loi est fatale. Mais il n'y a pas de loi pour que A rencontre B ; et dès lors le résultat est soumis à des chances diverses.

— Comment ? nous dira-t-on ; A pourrait ne pas rencontrer B ? Mais cette supposition est tout à fait inadmissible. Sans doute, il n'y a pas de loi qui porte directement A vers B : ce n'est point la terre qui oblige l'aérolithe à entrer dans sa sphère d'attraction. Mais ne voyez-vous pas que la terre et l'aérolithe suivent chacun leur chemin en vertu de lois nécessaires, que par conséquent leur rencontre est nécessaire ? On peut en dire autant de toutes les rencontres. Un esprit assez puissant pour saisir toutes les lois et tous leurs effets saisirait en même temps toutes les rencontres et verrait qu'elles ont toutes été nécessaires.

— Que répondrai-je à un argument si pressant ? Je dirai que le raisonnement n'est pas complet, qu'il doit être poussé plus loin. Admettons que A et B se sont rencontrés, en accomplissant chacun de leur côté une action nécessaire : ne voyez-vous pas que cette action, à son tour, a dû se développer sous l'empire de quelque circonstance qui n'était point nécessaire par elle-même ? Et si cette circonstance était le fruit d'autres actions nécessaires, à leur tour celles-ci supposaient une rencontre antérieure. Nous arrivons ainsi, non seulement à de premières lois, mais aussi à de premières rencontres, sans lesquelles ces lois n'auraient pu s'appliquer ; car, je le répète, aucun être matériel ne contient en lui tout ce qui est nécessaire à son action. Qui a réglé ces premières rencontres antérieures à toute loi, occasions de la première application de ces lois ? qui, sinon celui qui a créé tous les corps et les a placés dans un ordre dépendant de sa seule volonté ? Ah ! si vous croyez la matière incréée, par suite nécessaire et éternelle, il faut bien admettre que tout est nécessaire. Mais vous voyez bien qu'elle n'est pas nécessaire, puisqu'il y a en elle quelque chose qui n'était pas nécessaire : les premières juxtapositions, le lieu des premiers ébranlements. Direz-vous que ce fut un hasard ? Le hasard n'est rien, et par suite ne peut rien produire. Il n'y a point de hasard vis-à-vis de Dieu ; tout est prévu par lui ; tout est voulu, ou au moins permis ; et en posant les premières rencontres, il a vu toute la suite de leurs conséquences. Il n'y a de hasard que vis-à-vis des causes secondes, parce que le hasard est, suivant l'admirable définition de S. Thomas, ce qui est en dehors des tendances naturelles de l'agent : *præter intentionem agentis.* En ce sens, les rencontres sont bien le fruit du hasard, parce qu'aucune cause naturelle ne tend directement à les produire.

On voit donc que la nécessité des phénomènes inorganiques est essentiellement conditionnelle ; non seulement parce que Dieu, comme on l'admet généralement, eût pu créer d'autres matières avec d'autres lois, mais encore, d'une manière plus pratique, parce que l'application de ces lois dépend de circonstances originairement arbitraires.

Que si ces circonstances ont été originairement arbitraires, pourquoi ne pourraient-elles être modifiées par la suite ? Pourquoi l'homme ne pourrait-il intervenir dans la série avec son activité indépendante ? Pourquoi Dieu, avec son pouvoir suprême, et pour autoriser par une manifestation éclatante les lois les plus élevées de l'ordre moral, ne pourrait-il ajouter dans le cours des âges une circonstance, négligée à dessein, à celles qu'il avait préparées, pour ainsi dire officiellement, en posant les premiers fondements de l'univers ?

Au-dessus du monde inorganique, déjà si admirable dans ses grandes lignes, si majestueux dans la marche régulière des mondes, si pondéré sous les caprices apparents des phénomènes physiques, si merveilleux par la précision mathématique des derniers mouvements de la matière, apparaît le monde des vivants, bien restreint par rapport au premier, dont il n'occupe pour ainsi dire qu'un coin, mais plus étonnant encore par la délicatesse et la complexité de ses phénomènes. Que la vie implique une propriété spéciale, c'est une certitude à laquelle on ne peut échapper que par une inadvertance singulière des conditions propres au vivant. La vie con-

siste essentiellement dans la persévérance d'une forme typi-
que et d'une même composition, malgré la perpétuelle variété
des mouvements et des changements moléculaires. Quelle
loi chimique peut expliquer qu'un composé reste toujours
le même, en changeant incessamment les éléments qui le
constituent? Le composé inorganique une fois réalisé, la
combinaison favorisée par le milieu reste stable ; le composé organique, sans changer de milieu, est toujours en voie
de composition et de décomposition ; il semble que la matière
ne vive qu'à condition de s'écouler. De même, la forme spécifique ne saurait s'expliquer par les lois physiques. Tout
mouvement dans un fluide se propage égal et identique de
tous côtés, à moins qu'il n'éprouve des résistances. L'être
vivant commence dans un fluide, et ses molécules s'organi-
sent en suivant des mouvements très variés qui ne s'expliquent que par le but à atteindre. Si quelque résistance se
produit, si les conditions ne sont pas partout égales dans le
germe, ses directions spontanées sont troublées et nous avons
un monstre. Il y a donc une autre loi, qui obéit à d'autres
règles et produit d'autres effets. Or une loi n'est rien qu'un
mot, ou elle est l'expression de la nature d'une force. Cette
force, nous l'appelons la vie.

La vie est une force matérielle, bien que supérieure par sa
fécondité et sa perfection aux propriétés inorganiques ; et
comme à la plupart des forces matérielles, il lui faut une
impulsion, ou plutôt, il se trouve que la vie ne peut d'elle-
même engendrer le mouvement ; elle ne peut pas même le
maintenir. Si les circonstances extérieures ou un milieu ar-
tificiel ne conservent, avec un certain degré d'humidité et de
chaleur, l'activité moléculaire dont elle a besoin, elle reste
inutile, comme un ouvrier qui a perdu son outil. Mais, dès
que cette activité est éveillée, elle la dirige ; elle lui fait
rendre ce que les lois physico-chimiques ne donneraient
pas. Elle n'est pas motrice, mais seulement directrice ; et à
ce point de vue, bien que matérielle, elle agit d'une manière
qu'on pourrait appeler immatérielle, par simple efficacité.
On a nié, dans ces derniers temps, que la direction puisse
être séparée de l'impulsion. Il est vrai que, dans les phéno-

mènes mécaniques, l'impulsion emporte une direction et
que le changement de direction sur un mobile abandonné à
lui-même résulte toujours d'une impulsion nouvelle. Mais
ceci n'est qu'une circonstance de fait, qui vient de ce que
la matière brute n'agit que par communication de mouvement. En soi, la direction et l'impulsion sont deux effets différents et qui peuvent relever de causes différentes, comme
le savaient très bien les anciens mathématiciens[1]. Il ne faut
pas croire que la vie agisse à l'instar des masses matérielles, par un choc, par une impulsion ou par son impéné-
trabilité. La vie est déjà de l'ordre des moteurs immobiles
et, sans s'ébranler en elle-même, conduit et dirige le corps
dont elle est une propriété.

A la différence des propriétés inorganiques, la vie a mille
modes différents d'actions. Il n'y a pour les corps qu'une
manière d'échauffer ou de mouvoir, il y a une infinité de manières d'être vivant. Ces manières se manifestent par la
diversité des formes produites et constituent la variété inépuisable des espèces végétales et animales : chaque espèce
est un type que la vie reproduit exactement, toutes les fois
que son action n'est pas troublée. Il semble, ainsi que disait
Claude Bernard, que la molécule vivante a une sorte de mémoire, qu'elle se souvient du type dont elle a fait partie, et
s'applique à le reproduire, comme un exilé refait autour de
lui l'image de la patrie dont il est séparé. Cette mémoire, il
n'est pas besoin de le dire, n'est pas une mémoire cons-
ciente ; c'est une simple tendance imprimée à la matière vivante et qui fait corps avec elle.

Jusqu'à ces derniers temps, tout le monde pensait que
cette tendance a été donnée par le Créateur, et qu'elle s'attache à la substance même de l'être vivant ; on croyait à l'immutabilité des espèces, et beaucoup de naturalistes y croient
encore : aujourd'hui, une nouvelle opinion tend à prévaloir,
encore mal appuyée sur les faits, flatteuse toutefois par
l'harmonie et l'unité qu'elle établit dans le monde vivant.

L'esprit humain ne résiste guère aux séductions d'une

---

(1) Voyez Séguin, note au traité de Grove sur *la corrélation des forces
physiques.*

idée qui paraît simple. On admet donc très communément
que la forme dite spécifique n'est qu'un résultat des circonstances extérieures, que la matière vivante, obligée par ces
circonstances de modifier sa forme, conserve l'habitude de
cette modification, qu'en un mot il n'y a pas d'espèces, au
vieux sens du mot, mais seulement des variétés plus ou
moins profondes : c'est-à-dire, pour exprimer un fait naturel en langage métaphysique, que l'essence de tout être
vivant est fondamentalement identique, mais variée par
des dispositions qui, une fois acquises, se perpétuent dans
la suite des générations.

Un tel concept est-il philosophiquement inacceptable ? Je
ne vois pas de raison de le condamner. Il nous conduira
seulement à dire que la vie, outre les circonstances qui lui
donnent l'impulsion, outre la présence des matériaux dont
elle a besoin, réclame encore un autre ordre de circonstances, que nous n'avons point rencontré jusqu'ici, à savoir des
formes accidentelles ou qualités acquises qui déterminent le
mode d'action d'une propriété fondamentale pouvant s'exercer par des modes très divers. Plus nous nous élèverons,
plus nous rencontrerons des circonstances de cette nature.

Je sais que beaucoup d'incroyants ont prôné l'évolution
pour faire pièce au Créateur. Ne vous en troublez point :
cherchez à donner un sens rationnel à la théorie, et vous
trouverez que, loin d'abaisser l'esprit, elle n'est compréhensible qu'en spiritualisant la matière ; loin d'affaiblir l'action
de Dieu, elle ne s'explique qu'en lui prêtant une sagesse et
une prévoyance dépassant tout ce que nous avions pu concevoir jusqu'à ce jour. Oui, si le milieu peut déterminer les
formes vivantes, s'il peut provoquer des tendances qui se
conservent malgré ses variations, si ces tendances vont s'ac-
cumulant de telle sorte qu'elles aient pu arriver progressive-
ment, sans faux pas et sans recul, à construire des organismes
si compliqués, si savants, si parfaitement adaptés aux fins
les plus hautes, jamais on n'aura mieux établi le caractère
spécial de la vie, jamais on n'aura loué en un cantique plus
beau la profondeur infinie de l'intelligence suprême. Créer
est étonnant, et Dieu seul peut le faire ; mais créer un grain

de sable pour en tirer d'inépuisables merveilles par le jeu réciproque de deux ou trois propriétés, voilà qui est admirable, qui confond l'intelligence et lui donne un avant-goût de la beauté infinie.

Ce n'est pas une preuve que la théorie de l'évolution soit vraie. Quand on s'élève à la vie sensible, elle soulève bien des difficultés ; pour l'homme, elle appelle des objections absolues : elle est d'ailleurs loin d'être prouvée par les faits. Mais c'est une raison de ne nous alarmer ni au nom de la religion, ni au nom de la philosophie. Si un jour elle est prouvée, nous en avons l'explication toute prête et il nous sera très facile d'en préciser scientifiquement les limites.

La sensibilité nous élève bien plus haut encore que la vie. C'est une force presque spirituelle ; S. Thomas ne craint pas de lui donner souvent cette qualification : c'est-à-dire que, par son mode d'opération, elle est élevée au-dessus de l'étendue, bien qu'elle ait pour objet des choses étendues. Néanmoins, elle est encore matérielle et elle garde le caractère des êtres matériels, en ce sens qu'elle est passive et ne peut entrer d'elle-même en action. Elle dépend de causes extérieures ; elle n'a point en soi tout ce qu'il faut pour passer à l'acte. Aucune sensation ne se développe sans un objet étranger faisant directement ou indirectement impression sur l'organe. De quelle nature est cette impression ? est-ce une impulsion ? est-ce une spécification ? Autrement, la sensibilité a-t-elle besoin d'une forme qui la détermine à l'une des innombrables sensations possibles ? ou a-t-elle besoin seulement d'une provocation qui appelle la sensation proportionnée ? Dans l'ancienne théorie philosophique, aussi bien que dans l'opinion vulgaire, on admet que c'est la forme qui manque à la sensation et qu'elle doit lui être imposée par l'objet. Dans la théorie scientifique moderne, il faudrait penser que les formes sont innées, c'est-à-dire concréées à la sensibilité, et que l'influence du dehors ne fait que les appeler à l'acte. Le pianiste, en pressant la touche, fait jaillir le son qui résulte de la construction du piano ; ainsi la sensibilité serait une faculté remplie naturellement d'une foule d'espèces ou d'images en puissance, et telle mo-

dification de l'organe obligerait telle espèce d'images à se ma-
nifester. Ce n'est pas ici le lieu d'examiner à quelle théorie
il convient de donner la préférence, ni jusqu'à quel point les
découvertes scientifiques modernes sont incompatibles avec
l'antique manière de voir. Remarquons seulement que la
seconde explication n'est point contraire à l'objectivité de la
sensation, comme on le croit généralement. Les espèces sensibles pourraient être innées en puissance et n'en avoir pas
moins une valeur objective, parce que cette valeur dépend
du mode d'opération de la faculté, et non du mode d'origine
de l'espèce. L'espèce est objective du moment que la faculté
la met en acte à titre de représentation d'un objet extérieur.
En est-il ainsi dans la sensation? représente-t-elle des caractères réels des choses? C'est une proposition dont l'antiquité
n'a jamais douté, mais que la science moderne a transformé
en problème. Toutefois ce problème est distinct de celui de
savoir si l'organe est informé par une qualité étrangère ou
seulement sollicité par un mouvement. Le mouvement pro-
venant de tel corps pourrait être précisément celui qui sol-
licite l'apparition de l'espèce représentant les qualités sensibles de ce corps.

Quoi qu'il en soit, il est absolument certain, d'une certitude expérimentale, que la sensation n'agit qu'en réponse à
une impression organique. Sans cela, elle n'est qu'une pure
puissance hors d'état de passer à l'acte. Les sensations intérieures sont sujettes à la même loi que les sensations extérieures; ni l'imagination, ni la mémoire, ni l'appétit ne
peuvent se mettre en mouvement sans une sollicitation organique. La seule différence est que la sensation proprement
dite est sollicitée par un mouvement qui vient du dehors.
L'imagination et l'appétit, au contraire, sont sollicités par
des modifications produites dans l'intérieur des organes. Il
en résulte pour l'animal une certaine indépendance du milieu, une sorte de spontanéité secondaire, imitation de la vie
purement immatérielle. Des modifications intérieures, faim,
soif, colère, plaisir, amènent souvent avec elles une foule
de modifications de l'imagination que les circonstances leur
ont associées et qui n'ont aucun rapport avec l'état actuel

du milieu. L'animal paraît alors agir spontanément ; en réalité, il agit toujours sous une impulsion motrice ; mais celle-ci, au lieu de provenir du dehors, est née intérieurement de l'état du sang et des humeurs. La sensation n'est donc en définitive qu'une faculté de réaction, mais de réaction dans un ordre très supérieur à l'action subie.

Montons encore plus haut ; la sensibilité n'est dans le monde que le prélude d'une faculté tout autrement parfaite.

On a dit quelquefois que nous ne connaissons que des choses matérielles, et qu'il ne faut s'assurer qu'en celles-là, seuls objets de notre expérience. Cependant nous portons en nous-mêmes certaines données immatérielles : c'est un fait d'expérience intime et qui ne peut échapper au regard de la conscience. Malheureusement, beaucoup de gens ne croient connaître une chose que lorsqu'ils l'ont sentie et touchée, disposition que développe fatalement la grande habitude de l'observation extérieure. Ils saisissent, comme les autres, les notions immatérielles, mais ils n'en remarquent pas la valeur, semblables à un homme qui, comptant sa monnaie sous un jour douteux, confondrait les pièces d'or avec les pièces d'argent et se croirait pauvre quand, en réalité, il est riche.

N'avons-nous pas les idées d'être, d'unité, de nombre, de bonté, de fin, de force, d'activité, de cause, etc. ? Ces idées ne sont-elles pas supérieures à la matière ? Quelle est leur étendue ou leur figure ? Quelle image peut bien les représenter ? Elles sont tellement différentes de la matière, que nous n'arrivons pas à en trouver le type exact dans les phénomènes matériels : on a vu plus haut à quelles recherches on est obligé, si l'on veut découvrir un modèle conforme à l'idée de cause. Sans doute, ces idées se développent d'abord en nous à l'occasion des corps ; mais ce serait une erreur de croire qu'il n'y ait rien dans les corps que de matériel. Les corps sont créés par l'esprit, et sont une réalisation de données intelligibles. Nous saisissons ces données et, les prenant pour point de départ, nous nous élevons à concevoir des objets purement immatériels : sagesse, justice, honneur, patrie, esprit pur, etc. Nous savons bien que ces choses ne peuvent se voir ni se toucher, que l'imagination est impuissante à se les représenter. On peut les traiter d'illusions : on ne peut nier que nous n'en ayons l'idée et que nous n'y attachions un sens parfaitement net.

Comment une faculté matérielle pourrait-elle s'élever à ces données ? Comment une activité matérielle pourrait-elle produire une forme qui n'a rien de matériel ? Peut-elle se dépouiller d'une partie de son essence ? Peut-elle échapper dans son acte aux conditions de son existence ? Il y a donc en nous une faculté immatérielle ; il y a une connaissance supérieure qui s'ajoute à la sensation. Sans doute, cette faculté ne s'applique directement qu'à des êtres matériels, mais elle les connaît d'une manière immatérielle et dans ce qu'ils ont d'immatériel. Cette faculté, Aristote l'appelait νοῦς ; et les scolastiques, *intellect*.

L'intellect n'est pas toutefois affranchi complétement des conditions matérielles. Il les subit de deux manières, et dans son acte et dans sa puissance.

L'acte de l'intellect doit être déterminé, spécifié ; il ne peut l'être qu'à l'aide d'une forme intelligible : celle-ci constitue ce que nous appelons l'idée. Mais, par lui-même, l'intellect n'a point d'idée, ou plutôt, il n'a en puissance qu'une idée, celle dont il est la représentation naturelle, l'idée d'être. L'acte de connaître est par lui-même la similitude de l'acte d'être et le représente directement. Pour connaître, il faut connaître quelque chose ; de même que pour être, il faut être quelque chose. L'acte de connaître, et l'idée d'être qu'il contient, est donc impossible sans une autre idée, sans ce que les scolastiques appelaient une espèce intelligible. Où prendre ces espèces ? L'intellect ne peut les trouver qu'en dehors de lui, par conséquent dans la sensation.

Mais, n'étant point matériel, l'intellect n'est point passif, sinon dans un sens tout à fait secondaire. Il ne peut subir l'action d'un être corporel, ni en recevoir aucune impression. L'image sensible ne le modifie point. Il sait cependant s'en servir. C'est lui qui modifie l'image sensible, en extrait ce qui lui convient et se l'approprie. L'image est pour lui une occasion d'affirmer l'être dans certaines relations et sous certaines déterminations. Il prend ces déterminations à l'image et en fait la forme de ses pensées : œil toujours ouvert, puissance toujours tendue prête à saisir son objet partout où elle le rencontre, à le transformer, à l'illuminer des clartés de l'être intelligible.

Cette activité propre de l'intellect, cette capacité de s'emparer de l'image sensible et de l'élever jusqu'à lui est ce qu'on appelle dans l'Ecole l'*intellect actif*.

L'intellect subit encore les conditions matérielles d'une manière plus profonde dans sa puissance même. Cette puissance est liée aux facultés inférieures et ne peut rien sans elles. Comment cela ? Si l'intellect est actif de lui-même, ainsi que nous venons de le voir, une fois les formes acquises qui lui sont nécessaires, comment ne peut-il les employer de lui-même, quel que soit l'état des organes qui fonctionnent au-dessous de lui ? Eh bien ! cela lui est impossible : l'expérience le prouve. Il ne peut produire sa pensée sans l'appuyer à une image sensible : *nisi convertendo se ad phantasmata*. Pourquoi cela ? C'est en vertu de la constitution même de la nature humaine, qui n'est point un esprit pur. L'âme est une forme destinée à un corps ; dans l'état de la vie présente, elle forme un seul être avec ce corps. Or l'opération suit l'être : *modus operandi sequitur modum essendi* ; l'opération n'est en effet qu'un développement nouveau de l'être. L'être qui est à la fois forme et matière ne peut agir par une seule des conditions qui déterminent son individualité. Puisque la forme n'a point d'existence à part, elle ne peut se développer à part. Voilà pourquoi l'intellect ne peut agir seul, tant qu'il fait un avec un corps sensible ; il ne peut s'élever aux pensées supérieures qu'en rapport avec les conditions de la sensibilité inférieure.

N'en concluez rien contre son activité intrinsèque. Il a un compagnon de chaîne, dont il est toujours accompagné : mais que de faits trahissent sa puissance distincte et indestructible ? Sans doute, ce sont les sens qui lui donnent le premier éveil ; il le faut bien, puisque ce sont eux qui lui fournissent les caractères spécifiques de ses actes. Mais, à peine éveillé, voyez comme il agit d'une manière indépendante. L'animal suit ses impressions, il ne les dirige pas, il ne les travaille pas ; celles qui le conduisent se présentent d'elles-mêmes suivant l'état du milieu ou de son tempérament. L'homme, au contraire, dès que la première idée lui est fournie, la retourne, la travaille, la décompose ; il en fait jaillir une foule d'autres. Il a besoin du cerveau, soit ; il force le cerveau à le suivre. Il y découvre l'image nécessaire pour appuyer les conceptions qu'il forme. L'image fait-elle défaut, il crée le mot. Qui dira la puissance du mot ? combien ce faible bruit a d'action ? Prononcez le mot *patrie* : quels élans il excite, quels dangers il fait affronter, par quels enthousiasmes il transfigure ! Est-ce un son qui a cette puissance ? Mais non ; prononcez ce son devant un allemand qui n'en sait pas le sens, il restera indifférent. Le son n'est qu'un support ; ce qui agit, c'est l'idée ; et elle agit par des moyens immatériels.

Voilà les faits : que font de ces faits les savants anthropologistes qui prétendent que l'homme n'est qu'une espèce de singe, parce qu'ils n'ont pu trouver entre le squelette de l'homme et celui du singe que des différences légères ? Que répondraient-ils à un chimiste qui viendrait leur soutenir qu'entre le singe et le mollusque il n'y a pas de différence spécifique, parce que leur albumine a à peu près la même composition ? Ils sauraient bien le renvoyer à ses cornues, et lui dire que ce n'est pas avec des procédés de laboratoire que l'on peut reconnaître l'immense distance qui sépare l'organisation de ces deux êtres. Nous, nous les renverrons à leur scalpel, et nous leurs répondrons que ce n'est pas l'anatomie qui peut expliquer la distance infinie des fonctions. Que l'homme ait un squelette à peu près semblable à celui du singe, soit. Mais quel rôle il joue dans la création ! Comme il domine le monde ! Comme il s'élève au-dessus de la terre par des aspirations qui n'ont rien de matériel ! Il n'est point du même ordre ; il est le point de départ d'un ordre tout nouveau.

L'intellect a donc besoin de causes spécificatrices ; il se les procure lui-même à l'aide de la sensibilité. Il n'a pas besoin d'une cause impulsive première ; il est de lui-même actif, il attend son objet. Il a seulement besoin d'impulsions secondaires, et voici comment.

Une fois développé, l'intellect est plein d'idées ; mais il n'envisage pas en même temps toutes ces idées. Il ne peut en considérer qu'une à la fois, parce qu'il ne peut produire à la fois qu'un acte sous une seule détermination. Il faut donc une impulsion par laquelle il se porte à envisager de préférence telle ou telle idée, à la faire passer de l'état de puissance et d'habitude à l'état de pensée actuelle. Cette impulsion, il la reçoit d'une faculté congénère, immatérielle comme lui, qu'on appelle la *volonté*.

La volonté meut donc l'intelligence à la manière d'une cause impulsive, mais d'une cause intérieure à l'intelligence elle-même. C'est la volonté qui porte l'intelligence vers telle ou telle idée ; elle entraîne avec elle l'appétit sensitif, et par lui tout le mouvement des organes. Elle est le ressort fondamental qui donne le branle à toutes les facultés. Elle produit tout ce que les impulsions extérieures ne produisent pas. Que dis-je ? elle domine ces impulsions par la force de l'impulsion qu'elle donne elle-même. Elle est maîtresse, pourvu qu'elle le veuille. Quand elle parle résolument, tout le reste obéit. Voyez cet homme dans une ville prise d'assaut : il ne voit pas l'incendie qui s'avance, il n'entend pas les cris des vaincus, il n'aperçoit pas les vainqueurs qui pillent sa maison et menacent sa vie ; il est absorbé par une pensée, il suit un problème ; il contemple en esprit quelques lignes qui figurent une solution. Quelle est la proportion entre cette frêle imagination et la réalité présente et terrible ? L'image n'est rien par elle-même, mais cet homme est pour le moment dans le monde immatériel. La pensée domine le corps et le soustrait aux influences physiques.

Rien toutefois dans la nature ne peut se mettre en mouvement de soi-même. Quiconque se meut est mû ; et, si puissante que soit la volonté, elle n'échappe pas à cette condition. Qui la mettra donc en mouvement ? qui lui donnera le premier éveil ? qui ? sinon l'intellect : car il faut que l'âme immatérielle trouve tout par elle-même ; elle ne peut subir l'action du dehors. L'intellect devra donc mouvoir la volonté, avant d'en recevoir le mouvement ; mais il ne la meut pas de la même manière qu'il est mû. La volonté est une cause impulsive, elle porte l'intellect à l'action. L'intellect n'est pas impulsif, il ne fait que montrer un but. Ce n'est plus une cause active et efficace ; c'est une cause d'un autre ordre, dont nous n'avons pas encore parlé et qu'on appelle la cause finale. La cause finale ne donne pas l'impulsion ; la volonté n'en a pas besoin ; elle la trouve en soi-même. Elle est par nature une tendance à agir. Comme l'intellect actif est prêt à saisir l'impression sensible et à l'élaborer dès qu'elle se présente, ainsi la volonté, qui est du même ordre, est prête à saisir le but dès que l'intellect le lui met sous les yeux. C'est le même fond d'une nature toute active et toute immatérielle qui se révèle dans ces deux fonctions.

Cette influence du but sur la volonté a été appelé par Aristote « motion métaphorique », pour bien marquer que ce n'est pas une véritable impulsion (*De generat.*, I, 7). Elle ne pousse pas, elle n'entraîne pas. La volonté est d'elle-même tout action, elle est impatiente de mouvement ; mais elle ne sait où porter ce mouvement. L'intellect lui montre le but et lui ouvre la barrière.

La volonté est proprement un appétit intellectuel ; elle veut agir, mais non à l'aveugle. Elle attend que le but lui soit proposé. Mais quel est donc ce but qui a sur elle l'influence déterminante ? Il n'y en a qu'un seul, c'est l'être. De même que l'intellect, dans tout objet qui se présente, saisit d'abord l'être, ce qui est le fond même de l'acte de connaissance intellectuelle, de même la volonté veut l'être dès que l'intelligence l'aperçoit. Elle veut que l'être soit, parce qu'il y a sympathie nécessaire entre elle et l'être ; elle veut être autant qu'elle peut en elle-même et dans les puissances qu'elle dirige. L'être en tant qu'il est l'objet de la volonté est ce qu'on appelle le bien. Le bien, c'est d'être, d'être le plus possible, avec toute la plénitude et la perfection possibles. Le bien montré, la volonté n'y résiste pas : faite pour lui, elle tend naturellement vers lui. Ce n'est pas quelque chose qui la saisit et l'attire ; c'est un phare vers lequel elle marche, parce qu'elle est inclinée vers lui par la nature. La motion du bien, dit S. Thomas, n'est pas autre chose que d'être incliné vers lui : *influerè finis est appeti* (*De verit.*, q. 2, a. 2). Qu'un homme s'éveille dans une nuit obscure : il a en lui la force de marcher, mais il ne marche pas, parce qu'il ne sait où aller. Il attend qu'une étoile se lève à l'horizon pour lui montrer sa route. Alors il se lève, et il va vers cette étoile. Dans notre vie, le bien, c'est l'étoile ; et nous tendons vers lui de toutes les forces que Dieu nous a données.

Il est donc très inexact de représenter la volonté comme une cause indéterminée et absolument indifférente. La volonté n'échappe point aux conditions générales des causes ; comme à toute autre, il lui faut impulsion et spécification. L'impulsion est dans sa nature, comme appartenant à un être immatériel, par conséquent tout acte et tout actif. L'âme humaine est par elle-même un être en acte et toute prête à l'acte. Mais l'acte ne peut se produire sans être tel ou tel acte : l'acte de volonté a donc besoin d'une spécification ; il la tient de l'intellect. Il est une tendance vers un but ; l'intellect lui présente ce but. L'intellect montre l'idée du bien, et la volonté s'élance vers le bien.

Nous avons trouvé les principes de l'action volontaire, nous n'avons pas encore expliqué toute sa marche. La tendance native de la volonté, l'idée du bien qui brille en sa présence suffisent pour expliquer sa mise en mouvement ; ce sont comme les deux pôles entre lesquelles elle fonctionne. Il reste à expliquer le chemin parcouru.

Comme toutes les idées purement intellectuelles, l'idée du bien est un universel : c'est-à-dire qu'elle est une conception idéale, saisie dans les choses, mais qui ne peut exister à l'état isolé. Pour être réel, le bien doit être tel bien. La notion du bien peut suffire à la mise en branle de la volonté ; comme notion, elle est un fait, que la volonté peut envisager et dont elle peut souhaiter la réalisation. Mais cette réalisation, qui est le but dernier de la volonté, comment l'obtenir ? Ah ! sans doute, si le bien se montrait à nous réalisé dans toute sa plénitude, la volonté n'hésiterait pas ; elle ne pourrait hésiter. La notion et la réalité se confondraient ; la nature, qui porte la volonté vers l'une, la porte

rait également vers l'autre. Dans cette vie, il n'en est pas
ainsi. Le bien absolu n'est pas saisi immédiatement comme
tel par l'intelligence ; il n'est atteint que par une élaboration lente, et que l'on pourrait dire artificielle, puisqu'elle est due au travail de la pensée. Il n'a point cette
action vivante qui n'est l'apanage que des faits naturels.

Restent donc les réalisations partielles, les biens particuliers qui se rencontrent autour de nous. Par eux seulement
la volonté peut espérer atteindre son but naturel, et trouver
une satisfaction qui n'est jamais absolument complète. Elle
se porte donc vers eux. Mais, précisément parce qu'ils sont
partiels, aucun ne la remplit tout à fait ; ce qu'ils ont de particulier n'a point d'action sur elle. Les buts qu'elle se propose ainsi n'ont rien de nécessaire, ni de fixe. Elle peut
prendre l'un ou l'autre ; elle peut passer de l'un à l'autre.
Qui la détermine dans ce choix ? Est-ce une préférence pour
un bien reconnu plus grand ? Est-ce un entraînement du
tempérament, un effet de l'éducation, ou simplement l'a-
vantage d'une idée qui s'est offerte la première ? Assurément, il y a toujours une circonstance ; et je ne crois ni
nécessaire ni possible que la volonté s'attache à une chose
sans une circonstance qui la lui présente et la porte à en
considérer les bons côtés. Mais cette circonstance n'oblige
jamais ; elle n'est qu'une occasion ; elle n'a pas d'action
directe sur la volonté, qui reste toujours libre, une fois
avertie, de se tourner ailleurs.

Vis-à-vis de tous ces objets, la volonté est dans un état
d'indifférence, mais d'indifférence active. Ce n'est point
une matière inerte qui se laisse façonner, un mobile qui
attend un choc ; c'est un être actif et vivant qui s'applique
à une chose parce qu'elle répond suffisamment à son but.
Son mouvement ne vient pas de l'objet particulier qu'elle
désire ; il vient d'une source plus haute. C'est pour cela que
la volonté en est maîtresse et qu'elle peut toujours, si elle le
veut, l'abandonner pour en chercher un autre.

Cette domination de la volonté sur les choses est encore
bien plus manifeste dans la recherche des moyens. Ici son
mouvement propre est bien évident et son indifférence incon-

testable. Rarement un but peut être atteint immédiatement ;
presque toujours il faut une suite d'intermédiaires pour
y arriver. Ces moyens, c'est la volonté qui ordonne à l'intelligence de les rechercher, qui les lui fait comparer avec
le but, qui les pèse, qui les choisit. Elle sait très bien
qu'elle les veut seulement pour la fin et que, la fin mise de
côté, elle ne s'en soucierait pas.

Est-ce un état idéal ou hypothétique que nous décrivons ?
Mais non ; ce sont des faits d'expérience. Chacun peut les
vérifier en lui-même. Chacun peut se rendre compte qu'il
veut le bien, et les autres choses parce qu'il y voit un bien.
Chacun sait qu'il n'est point de but particulier dont, avec
une volonté ferme, on ne puisse se détacher. Chacun sait que
la volonté n'est pas poussée irrésistiblement vers les moyens,
n'est pas entraînée passivement par eux, mais qu'elle
prescrit au contraire les recherches de l'intelligence et les
dirige. Dans la pratique de la vie, il est vrai, le but particulier se présente presque toujours comme donné ; presque
toujours l'éducation nous le suggère et nous y attache, et
nous n'imaginons guère possible d'en avoir un autre. Mais
l'indifférence de la volonté vis-à-vis des moyens est d'une
expérience journalière. Nous avons le sentiment très net
que la volonté est en suspens, qu'elle est indéterminée sur
quelques points et qu'elle cherche à lever cette indétermination. Ce n'est donc pas le motif qui l'attire, autrement elle
n'aurait pas à s'enquérir des différents motifs et à les comparer. Le mouvement est antérieur à la connaissance des
motifs. Il y a dans la volonté une force déjà déterminée,
puisqu'elle agit, mais indéterminée d'un autre côté, ou déterminée seulement à rechercher sa détermination.

Ceci apparaît très clairement quand on compare la volonté avec une puissance inférieure dont nous avons également l'expérience, avec le désir ou le mouvement de l'appétit sensible. Nous distinguons parfaitement la volonté, qui
choisit avec une certaine sérénité supérieure, du désir, qui
nous entraîne et nous domine. Que nous ayons faim ou
soif, que nous souffrions une douleur vive, qu'un objet se
présente qui nous séduise et nous fascine : nous nous sen-

tens entraînés, violentés, nous nous sentons esclaves, nous ne pouvons résister qu'au prix d'un violent effort; c'est le désir avec sa fatalité troublante. La volonté, au contraire, procède à son choix avec calme ; elle s'attache comme quelqu'un qui pourrait ne pas s'attacher. Cette indifférence est la marque de sa supériorité. Certes, le général qui veut gagner une bataille y met tous ses soins ; mais il doit garder son sang-froid. S'il décide telle mesure, s'il ordonne tel mouvement, ce doit être parce qu'il le juge utile, prêt à en ordonner un autre qui apparaîtrait plus avantageux. S'il est capable d'agir par entraînement de l'imagination, de la crainte ou même du courage, c'est un mauvais général, il faut lui ôter le commandement. Une seule chose a du prix dans l'homme, c'est qu'il sache se dominer lui-même. Le désir ne se possède pas, il suit l'impulsion donnée. La volonté se possède et se règle elle-même.

Je ne connais rien qui donne mieux l'impression de la nature supérieure et immatérielle de l'âme que cette indépendance avec laquelle la volonté envisage les idées de haut, les prenant ou ne les prenant pas selon qu'elle le juge opportun. Dans le monde matériel, il n'y a rien de semblable : rien n'agit que poussé, et dans la mesure où il est poussé. Toute matière est passive : ὕλη, ἣ ὕλη, παθητικὸν (De gener., I, 7). Un mobile sur la circonférence d'un cercle peut aller par la droite ou par la gauche à l'autre extrémité du diamètre ; jamais il ne se décidera de lui-même sans une impulsion extérieure. On cite des formules de la mécanique également satisfaites par plusieurs mouvements, mais ces formules représentent des lois abstraites ; dans la réalité concrète, il y aura toujours une circonstance qui décidera de tel mouvement, ou, si la circonstance fait défaut, le mouvement ne se produira pas. La volonté, au contraire, a son mouvement en elle-même : Dieu l'a laissée à son propre conseil. Nous la voyons très clairement, dans l'usage le plus ordinaire de la vie, choisir les moyens, et les choisir non pour eux-mêmes, mais uniquement en vue d'un but. Or tout est moyen vis-à-vis du but premier et supérieur, le bien, seul nécessaire, seul ayant une influence immédiate sur la volonté.

Cette élévation de la volonté au-dessus de tous les moyens, au-dessus de tous les buts secondaires, c'est précisément ce que nous nommons la liberté. La liberté consiste en ceci, que l'âme veut quelque chose, mais que ce quelque chose comporte une certaine indétermination qu'elle peut lever par elle-même. La volonté est libre parce qu'elle n'est conduite que par une idée, et parce que son mouvement est en elle-même. Parce que son but est une idée universelle, elle a plusieurs manières de le réaliser, il y a indifférence objective ; parce qu'elle a son mouvement en elle-même, elle peut se porter d'elle-même à choisir les applications sans attendre une influence étrangère, il y a indifférence subjective. Là est la racine de la liberté.

On a fait dans ces derniers temps beaucoup d'objections à la liberté, objections scientifiques, psychologiques ou métaphysiques. Il semble qu'aujourd'hui, quand l'humanité se vante d'un développement intellectuel plus complet, elle veuille employer toute cette intelligence à se dégrader elle-même. Elle ne veut plus être libre, parce qu'elle ne se soucie plus de sa destinée supérieure et redoute la responsabilité. Nous sortirions de notre sujet, si nous voulions étudier ici ces objections diverses : les lecteurs curieux d'en connaître la solution trouveront d'excellentes appréciations dans le bel ouvrage de M. Fonsegrive : *Essai sur le libre arbitre*[1]. Ils y trouveront notamment des réponses décisives aux objections scientifiques. Nous dirons seulement un mot de l'objection métaphysique, qui se rapporte plus spécialement à la question que nous traitons ici, celle de la détermination des causes.

La grande objection métaphysique est celle-ci : l'acte libre serait un effet sans cause. Chose singulière, cette objection est surtout commune dans une école qui considère le principe de causalité comme un simple postulat. Eh bien ! non ; nous l'avons vu par les explications qui précèdent, l'acte libre n'est pas un effet sans cause. Toutes les fois qu'il se produit, il a toutes ses causes efficientes, impulsives ou dé-

1. In-8, Paris, F. Alcan, 1887.

terminantes. Le premier acte de la volonté est de vouloir le
bien ; il a, comme nous l'avons vu, sa cause impulsive dans
la volonté elle-même, et sa cause déterminante dans la proposition de l'intelligence. Son second acte est de chercher
les moyens de réalisation. Il a sa cause nécessaire et naturelle dans le premier acte, dont il n'est que l'application.
Enfin, le dernier acte, le choix de tel ou tel moyen, a sa
cause déterminante très suffisante dans la comparaison de
ce moyen avec le but. La volonté a donc toujours une raison
d'agir comme elle agit ; elle voit toujours une convenance à
ce qu'elle résout. Une volonté qui, par impossible, agirait
au hasard et sans motif, ne serait plus une volonté.

Mais, dira-t-on, pourquoi choisir tel moyen, plutôt que
tel autre qui serait tout aussi convenable ? N'est-ce pas là
une préférence sans cause ? Cette objection vient de ce que
l'on veut toujours considérer le motif comme quelque chose
qui entraîne et donne le mouvement. Assurément, s'il en
était ainsi, la volonté devrait céder au motif le plus entraî-
nant suivant la loi de composition des forces. Mais la volonté
n'est point passive, répétons-le encore ; elle a son mouvement
en elle-même ; le motif n'y est pour rien, il n'est qu'une
désignation à la direction de ce mouvement, désignation que
la volonté elle-même a voulu rechercher. Toute l'énergie
active vient de la volonté, et non du motif. Elle peut donc
toujours l'abandonner, puisqu'elle s'en sert, et qu'il n'est
pour rien dans sa puissance de vitalité.

Aussi la volonté peut-elle se décider en dehors de tout motif prépondérant. Quel est son motif alors ? C'est d'agir. Que
de fois, après avoir pesé le pour ou le contre de diverses
démarches, vous vous êtes dit enfin, ne pouvant distinguer
la plus utile : Il faut que je prenne un parti, je ferai telle
démarche. Pourquoi vous êtes-vous décidé ? Parce que vous
saviez bien que vous ne pouviez sans dommage retarder votre
décision. Mais votre hésitation prouvait bien qu'aucun motif
n'avait sur vous une influence prépondérante, et votre réso-
lution prouve que vous n'aviez pas besoin de cette influence
pour agir.

On voit maintenant quelle est la nature des causes créées

et quelles conditions elles admettent. Ce sont de véritables causes, qui jouissent d'une activité réelle et s'incarnent dans des effets réels. Mais elles sont incomplètes à plusieurs égards. Elles ne sont point causes absolues, et ne peuvent donner l'être ; elles ont leur activité en elles-mêmes, mais ne la tiennent point d'elles-mêmes. Enfin, elles ne sont point d'elles-mêmes et tout d'abord en acte. D'abord pures puissances, il faut quelque circonstance qui les fasse sortir de cet état. Mais il y a entre l'être matériel et l'être immatériel cette grande différence : que l'être matériel attend son mouvement du dehors et ne peut le modifier lui-même ; l'être immatériel est tout vivant, il trouve en lui la source de son mouvement, le modifie et le dirige.

Voilà en quoi l'être immatériel s'élève infiniment au-dessus des corps. Le corps de lui-même reste à terre ; il est inerte et sans force, s'il n'est poussé, conduit ou sollicité. L'esprit, comme une flamme ardente, est toujours en mouvement, et se porte toujours en haut, jusqu'au Soleil éternel qui est son principe et dont il est l'image.

CHAPITRE VI

CAUSES FINALES

Nous avons terminé ce que nous avions à dire de la cause efficiente[1], la seule à laquelle l'usage commun donne aujourd'hui le nom de cause. Quiconque, de nos jours, parle de cause, parle de la production active d'une réalité. C'est en ce sens que l'idée de cause est attaquée par quelques-uns, et regardée par d'autres comme un simple postulat ; c'est en ce sens que nous avons entendu la défendre.

Mais, plus haut, en parlant de l'acte volontaire, nous avons vu surgir un nouvel ordre de causalités, au sens d'Aristote, un nouvel élément concourant à la production de l'effet : c'est la fin, ou cause finale. Il y a là une notion très importante, et trop méconnue de nos jours. Dans le déterminisme métaphysique des choses, la fin joue un rôle prépondérant. La cause efficiente détermine l'effet ; mais qui détermine la cause efficiente elle-même ? Aristote n'avait pas attendu les critiques des penseurs contemporains, pour juger que tout ce qui est réel est déterminé, que tout a une raison d'être, et d'être tel. Comme il savait bien que la cause efficiente ne peut agir au hasard, ne peut passer à l'acte sans une raison de ce passage, il en avait cherché la détermination dans la fin, première raison de toutes choses, qui n'a pas besoin elle-même d'autres raisons, parce qu'elle existe au-dessus de toutes choses et en dehors de tout changement, immobile et éternelle comme Dieu, premier type et dernier terme de toutes les causes finales.

La notion de cause finale est très discréditée chez les modernes : c'est presque une injure, parmi nos contemporains, de traiter un philosophe de « cause-finalier » ; autant dire un rêveur, un songe-creux, un chercheur d'explications ima-

ginaires. Bacon a commencé cette réaction. Cet homme, si
grand par le génie, si petit par les passions, ne rejetait pas
autant qu'on l'a cru les idées des scolastiques ; mais il avait
une haine profonde, et pour ainsi dire personnelle, contre
tous les philosophes antérieurs. Lisez un curieux pamphlet
qu'il a intitulé : *Traduction virile du siècle, 1ers rudimens
de la grande restauration* : vous y voyez Aristote traité de
sophiste ; S. Thomas et Scott ne sont que des sectaires ; Platon, un poète gonflé. Telles sont les amabilités prodiguées
aux grands hommes du passé par ce philosophe qui n'admettait pas d'autre gloire que la sienne. La mise en lumière
de l'idée de fin avait été une des plus grandes conceptions
du génie d'Aristote ; Bacon devait nécessairement combattre l'idée de fin.

Nous ne nierons pas que les observations de Bacon n'eus-
sent une certaine justesse. Les scolastiques de la décadence
avaient abusé de la cause finale. Comme ils ignoraient l'expérimentation, ils cherchaient à expliquer la nature des
êtres par leur fin. Nous trouvons encore, dans un scolastique contemporain, le P. Liberatore, cette proposition : que
le meilleur moyen de connaître la nature d'un être, c'est de
considérer sa fin[1]. Ah ! oui ; si nous pouvions connaître parfaitement la fin d'un être, il est bien certain que sa nature
s'en déduirait toute seule. Mais quel est l'être dont nous
connaissons certainement et complètement la fin. Le plus
souvent, nous n'avons que des conjectures. Sans doute,
l'idée de fin a été quelquefois utile : M. Nourrisson cite très
à propos Harvey trouvant la circulation du sang en cherchant le but des valvules du cœur[2]. Mais, dans la plupart
des cas, il nous est beaucoup plus facile de connaître la
nature même de la chose que sa fin ; et c'est précisément
par ce que nous constatons de sa nature que nous soupçon-
nons ce à quoi elle est destinée.

Bacon, dont les préoccupations visaient surtout la physique, avait donc de justes raisons d'écarter les causes finales, ou au moins de les déclarer peu utiles. Mais ce serait un

1. *Institutiones philosophicæ*, vol. 1, p. 385.
2. *Philosophies de la nature*, p. 212.

grand tort d'étendre cette proscription à la métaphysique. Il en convenait, au reste, lui-même. Si les fins particulières ne nous sont le plus souvent connues que d'une manière conjecturale ; s'il est, par conséquent, peu sûr de s'en aider pour la connaissance ou la prévision des faits, la notion de fin n'en est pas moins l'explication suprême de toutes choses.

Tout ce qui est dans l'univers n'est-il pas pour l'action : *omnia propter operationem?* La nature n'est que la base ; l'action est le but de l'univers. La nature inféconde et sans mouvement ne serait qu'une ébauche inutile, un piédestal où manque la statue. Avez-vous vu, il y a quelques années, certain tableau représentant un paysage lunaire ? Quel affreux spectacle! Quel désolant aspect de rochers nus accumulés en désordre ! Pourquoi ce paysage nous fait-il horreur ? Parce qu'il n'y a là ni vie, ni possibilité de vie. Où il n'y a pas d'action, nous jugeons instinctivement qu'il n'y a pas de raison d'être. L'être infécond et stérile n'est pour nous qu'une poussée absurde hors du néant.

Mais, à l'action elle-même il faut un but, un terme qu'elle tende à atteindre, un résultat où elle arrive, une raison qui explique sa marche et la direction de sa marche : voilà la fin. Rien n'est expliqué sans la fin ; et comme la métaphysique est la science des explications suprêmes, elle ne peut être complète sans la considération de l'idée de fin.

La fin motive la mise en jeu de la cause efficiente, dont la matière et la forme ne sont que le support ou l'effet. C'est pour la fin que toutes les autres causes apparaissent et fonctionnent. Aussi Aristote l'appelait-il la cause des causes. La fin explique toutes les autres choses, et aucune autre chose ne l'explique. La fin est ce qu'il y a de plus fondamental et de plus élevé. Elle est au faîte de tout, puisque tout tend vers elle ; elle est à la base de tout, puisqu'elle est le principe qui détermine tout. Pourquoi ne pas le dire avec Aristote : la fin primitive et essentielle, c'est Dieu même? Dieu n'a-t-il pas dit, en se révélant : «Je suis l'Alpha et l'Oméga, le commencement et la fin : *Ego sum Alpha et Omega, principium et finis*[1] » ?

1. *Apocal.*, I, 8.

La notion de fin est très utile pour éclairer les autres notions métaphysiques. Il y a dans la métaphysique bien des obscurités ; c'est la conséquence de sa situation aux limites de l'intelligence humaine. Bien des données abstraites étonnent nos habitudes d'esprit. Si vous avez peine à comprendre la nature d'un principe, rapprochez-le de la notion de fin, vous en saisirez la raison secrète. Si un caractère vous paraît mystérieux, ou une distinction sans motif, pensez à la fin de la chose, et vous en concevrez la valeur. Il n'y a qu'un terme directement et constamment voulu par le Créateur, ce sont les fins naturelles. Pénétrez-vous de cette pensée, et bien des décisions de la métaphysique, étranges au premier abord, vous paraîtront explicables.

Mais d'où vient cette idée capitale et suprême, cette idée qu'on pourrait appeler la forteresse du spiritualisme, car elle est la trace manifeste de l'action de l'intelligence dans le monde ? Quelle est son origine et quel est son rôle ? Nous allons le rechercher sous la direction d'Aristote et de S. Thomas.

L'origine de l'idée de fin n'est pas contestable ; nous la trouvons en nous-mêmes. Pour l'idée de cause efficiente, il pouvait y avoir incertitude, la causalité dont nous avons conscience n'étant pas identiquement la même que la causalité que nous recherchons dans la nature. Pour l'idée de fin, il n'y a aucune équivoque. Nous poursuivons des fins, et nous en avons conscience. Nous savons donc ce que c'est qu'une fin. Nous savons que toutes nos actions réfléchies sont faites en vue d'une fin, sont déterminées par cette fin.

La fin est ce pourquoi une chose se fait, dit Aristote. Nous savons très bien que toutes les fois que nous agissons, nous agissons directement ou indirectement, médiatement ou immédiatement pour quelque chose. Notre volonté n'est volonté que comme tendance vers quelque chose. Notre nature elle-même nous montre donc la fin et nous donne l'idée de fin.

Le principe de finalité est-il un axiome ? Tout le monde dit et pense que tout effet a une cause ; nous avons essayé plus haut de justifier cette proposition. Peut-on dire de

même que toute chose a une fin ? A vrai dire. l'axiome de
finalité ne se présente pas au bon sens vulgaire aussi explicitement que celui de la causalité efficiente. On ne l'invoque
guère dans l'habitude de la vie : peu nombreuses seraient
d'ailleurs les occasions de l'appliquer. Mais il a une autre
importance dans la spéculation scientifique ; et c'est au
génie d'Aristote que nous devons de l'avoir constaté. Par
ses profondes méditations sur la nature essentielle des choses, ce philosophe a su remarquer que tout dans l'univers
est mouvement et vie, que tout est activité ; que tout, par
conséquent, marche vers une fin. Il y a donc partout des fins ;
et sans les fins rien n'existerait, ni ne serait possible. Telle
a été la pensée d'Aristote en plaçant la fin parmi les conditions premières et essentielles de l'être. Nous allons essayer
d'en montrer l'exactitude et la profondeur.

Commençons par les êtres intelligents. Ici, pas de difficulté ; nous savons à n'en pouvoir douter qu'ils agissent
tous pour une fin. C'est cela même qui les fait intelligents.
La volonté n'agit que sur la proposition de l'intelligence, et
les propositions de l'intelligence ne sont pas autre chose que
des fins, l'indication de buts que la volonté peut et doit se
proposer. La volonté qui agirait autrement ne serait plus
une volonté, ce serait un instinct aveugle. Nous avons
expliqué ces choses en parlant de la détermination des causes. Nous avons montré comment la fin proposée par l'intelligence est à la fois une notion précise offerte à la volonté
et propre à déterminer son mouvement, mais une notion
indéterminée dans ses applications. Cette détermination du
but avec indétermination des moyens est une condition essentielle de la liberté.

Cette fin que nous trouvons en nous-mêmes et que nous
attribuons par induction à tous les êtres doués d'une intelligence est le type complet et supérieur de la fin. C'est la
fin intentionnelle, la fin connue, cherchée comme telle et
provoquant sa réalisation. Comme nous l'avons remarqué,
elle ne meut pas. à proprement parler, la volonté ; c'est à tort
que beaucoup de scolastiques, revenant aux idées plato-
niciennes, ont voulu la considérer comme exerçant une véri-

table efficacité. Mais il est à propos d'expliquer ici plus complètement ce que nous n'avons fait qu'indiquer ailleurs.

Nous ne nierons pas, assurément, qu'il n'y ait un mouvement nécessaire de la volonté vers sa fin naturelle, qui, pour les êtres intelligents, a un nom spécial : on l'appelle le bien. Nous éprouvons en nous-mêmes ce que nous appelons l'attrait du bien. Dès qu'il paraît, nous nous sentons portés vers lui ; et s'il se montre avec éclat, la résistance devient impossible. Platon a admirablement décrit cet attrait dans les vives et poétiques peintures du *Banquet*. Avec quelle magnifique éloquence, avec quel amour passionné il parle de ce bien qui, aussitôt connu, veut être possédé, ce bien qu'il confondait un peu avec le beau, mais qui en a tous les charmes et toute la séduction. Quand la beauté physique brille à nos yeux, nous avons bien de la peine à nous en éloigner, à ne pas nous attacher à sa vue, à ne pas chercher le rapprochement, l'intimité ; mais, quand la beauté intellectuelle a paru, la beauté physique n'est plus rien ; c'est vers elle que tend notre nature tout entière. Platon, avec l'élévation de son génie, avait compris cet entraînement du bien suprême au-dessus de tous les biens. Cet amour, toutefois, était peut-être chez lui plus artistique et plus idéal que pratique. Dieu ne lui apparaissait qu'à travers une idée. C'est seulement lorsque Dieu s'est fait homme et a traité avec les hommes, que les saints ont conçu cet amour fécond et pratique qui leur a fait tout quitter pour lui.

Le bien attire donc, en ce sens qu'il détermine un mouvement, quelquefois irrésistible, de la volonté. Mais méfiez-vous d'une erreur de perspective. Parce que vous vous sentez vivement et parfois inévitablement entraînés, vous jugez que le mouvement est imprimé par le bien. C'est une erreur : le mouvement naît de l'activité de la volonté seule ; il est un effet de sa nature. Comme la pierre se porte naturellement vers le centre du globe, en vertu d'une loi bien connue, la volonté se porte naturellement vers le bien. S'il faut chercher à ce mouvement une cause efficiente extrinsèque, nous ne devons la chercher qu'en Dieu. Dieu seul peut toucher les ressorts secrets de la volonté que lui seul a créée, seul il l'incline vers l'idée du bien par la nature même qu'il lui donne : *inclinationem solus potest immutare, qui virtutem volendi creaturæ contulit*[1].

Si on peut dire que le bien meut, c'est d'une manière toute métaphorique, et en ce sens seulement qu'il est la raison du mouvement et son but. Aristote dit expressément que la cause finale ne meut pas, si ce n'est peut-être par métaphore[2], et S. Thomas a très bien rendu l'idée du Stagirite en disant que le bien meut en tant qu'il est la raison du mouvement : *bonum movere dicitur sicut ratio movendi*[3]. Cajétan, parfois si profond, dit de même qu'il ne faut pas chercher à la fin d'autre caractère que d'être ce pourquoi la chose se fait[4]. Nous voilà loin des efforts de Suarez et de beaucoup d'autres scolastiques pour expliquer la motion de la cause finale.

La fin n'a pas besoin d'être autre chose qu'un but. Le phare allumé ne donne pas le mouvement au navire, bien qu'il le dirige. La cible ne fait pas partir la flèche, bien que la flèche soit lancée vers elle. De même, la fin marque le terme, c'est là son seul rôle : la volonté y marche d'elle-même.

Cependant la fin intentionnelle est connue. En ce sens elle a une influence sur la volonté. Elle la provoque, pour ainsi dire, en posant devant elle. Elle a donc une part décisive dans la production de son mouvement. En est-il de même dans les êtres inférieurs ? y découvre-t-on l'influence d'une fin ? C'est ce qui a été très contesté.

Il est d'abord évident que la fin intentionnelle, la fin connue et exerçant son influence directe sur la puissance active, n'existe pas dans les êtres inorganiques ; privés de connaissance, ils ne peuvent posséder la notion d'aucune fin. La fin cause sans exister, comme l'a très bien remarqué Suarez, elle cause pour arriver à l'existence. Or, ce qui n'existe

1. *Sum. th.*, I, 106, 2.
2. *De gener.*, 1, 7.
3. *De verit.*, 2, 12.
4. *Comment. sur la Somme*, II-II, 17.

pas dans la réalité actuelle, n'a qu'une manière d'être possédé, c'est par l'intelligence, qui s'étend à tous les possibles. Il en est de même des végétaux. Quant aux animaux, certains auteurs leur accordent, avec la connaissance sensible, quelque chose d'analogue à la fin intentionnelle. On ne peut nier qu'ils ne poursuivent des fins et qu'ils n'aient une certaine connaissance du but où ils tendent. D'autres auteurs néanmoins leur refusent toute participation à la finalité directe, parce qu'ils ne possèdent pas la notion de fin. S'ils marchent vers une fin, c'est sans savoir qu'elle est la raison et l'explication de leur mouvement.

Aussi n'est-ce pas dans cette direction qu'il faut chercher, si nous voulons trouver dans le monde matériel des marques certaines de fins intentionnelles. Il faut nous adresser à l'ordre du monde, il faut envisager l'harmonie et la convenance réciproque de tant d'être produits les uns pour les autres. Il est bien certain, comme nous l'avons rappelé en parlant des preuves de l'existence de Dieu, qu'une intelligence seule a pu établir entre les êtres des rapports si délicats et si multipliés. Nous voyons une foule de choses être la fin les unes des autres. Je ne parle pas seulement de ces finalités vulgaires que tout le monde connaît : par exemple, l'œil fait pour voir la lumière ; la science nous révèle chaque jour des finalités plus cachées, mais non moins admirables : l'insecte chargé de la fécondation des fleurs, les ferments préparant le sol pour la végétation, le chant ou la couleur attirant les sexes l'un vers l'autre, etc., etc. De ces harmonies nous concluons l'intelligence, et de l'intelligence nous concluons que le monde a été fait dans son ensemble pour une fin.

Ainsi, dans le monde il y a des traces de fins intentionnelles, le monde a certainement été formé pour une fin ; mais ces intentions ne sont pas précisément ce qui provoque immédiatement le phénomène. Celui-ci agit uniquement en vertu de sa nature ; et, comme on l'a très bien remarqué, à l'envisager en lui-même et isolément, on n'y reconnaît aucune trace d'une telle fin.

Dirons-nous donc qu'Aristote s'est mépris, que la fin

n'est pas une condition nécessaire et immédiate de toute chose, qu'il y a des actions qui peuvent se produire sans cette condition posée par lui comme un des principes essentiels de l'apparition et des transformations des êtres ? Non ; Aristote a vu plus loin et plus profondément ; et si nous entrons dans sa pensée, si nous saisissons bien son point de vue, nous verrons qu'il n'y a rien qui n'ait une fin immédiate, et qui soit possible sans cette fin.

Pour qu'un fait se produise, il faut qu'il y ait action. C'est à la production même du fait que l'on reconnaît l'action. Comme nous l'avons vu en traitant de l'origine de l'idée de cause efficiente, agir n'est pas autre chose qu'être fécond, produire une réalité : peu importe la nature de cette réalité, qu'il s'agisse d'une substance ou du mode le plus accessoire.

Mais, dans l'action, il y a essentiellement passage, changement, développement de force, mise en acte de ce qui n'était qu'en puissance. La force est fournie par la cause efficiente, c'est là son rôle propre. Qui détermine le produit ? qui fait que la force s'exerce dans tel sens, et non dans tel autre ? Vous direz : c'est sa nature. Voilà une réponse très incomplète. Il resterait à expliquer cette nature elle-même. En tous cas, cette nature est tournée vers quelque chose, elle tend vers quelque chose. Ce n'est qu'à cette condition qu'elle agit. Ce quelque chose vers lequel elle est tournée, c'est précisément la fin.

L'être intelligent se tourne vers sa fin par la connaissance qu'il en a. Il y marche en sachant où il marche, maître d'ailleurs, au moins dans une certaine mesure, de son mouvement, qu'il connaît et qu'il domine. L'être brut est tourné par sa nature, sans le savoir et sans pouvoir modifier son mouvement. Mais tous deux sont tournés vers un objet ; cet objet est la fin. La fin n'a d'autre caractère constant que d'être ce vers quoi une chose est tournée, ce vers quoi elle tend en exerçant son action.

La fin est donc absolument indispensable. Quelle action peut se produire sans tendre vers un résultat ? Toute action fonctionne pour ainsi dire entre deux pôles : la cause efficiente, d'où lui vient l'énergie développée, et la cause finale, qui marque le terme où s'emploie cette énergie. Comme une substance n'est complète que par l'union de la matière à la forme qui la détermine, de même aucune action ne s'explique complètement sans une source d'activité qui produit l'acte et un terme qui en détermine la portée. La présence de ces deux conditions est essentielle. Ainsi se rapprochent les deux pôles d'une pile pour produire l'arc voltaïque.

L'action est comme un pont jeté sur le néant. Pourriez-vous jeter ce pont s'il n'y avait un autre bord ?

L'autre pôle de l'action, l'autre bord au-delà du néant qu'elle comble, c'est la fin. La fin n'est pas autre chose que ce vers quoi marche la puissance, ce qu'elle tend à réaliser, ce pourquoi elle s'ébranle, en entendant par ce *pourquoi*, non précisément une intention de réaliser cette chose, ce qui n'est pas toujours vrai, mais une simple direction vers cette réalisation.

Voilà, selon nous, le vrai sens d'Aristote, et pourquoi il a fait de la fin une condition générale de toute existence. Mais beaucoup de personnes, même versées dans la spéculation philosophique, ne savent pas s'élever à ce degré d'abstraction ; elles ne savent pas séparer complètement ce qui est essentiel à la notion de fin des caractères spéciaux qu'elle revêt dans les êtres intelligents. Aussi ne croient-elles pas pouvoir appliquer cette notion d'une manière directe à toutes les classes de réalités.

Direz-vous que nous confondons la fin avec l'effet : car ce vers quoi tend primitivement et directement l'action, c'est la production de l'effet? J'en conviens ; mais aussi l'effet est en réalité la fin première et immédiate de l'action. L'effet cause sa cause efficiente, comme l'a très bien remarqué le P. de Régnon. Les causes se causent l'une l'autre, suivant cet axiome des vieux scolastiques : *causæ sibi invicem sunt causæ*. La cause efficiente cause l'effet par l'acte de production, l'effet cause la cause efficiente parce qu'il est la fin où la cause est dirigée.

Qu'elle soit dirigée par sa nature, que l'essence des choses soit le premier moyen qui mène à l'exécution, et qu'en ce sens la nature et la fin se confondent dans une certaine mesure, c'est ce qu'avait admis Aristote. Aussi dit-il quelque part que la nature et la fin sont une même chose[1], car le type de la chose est précisément ce qu'il doit être pour la conduire à sa fin ; et ailleurs il remarque que les essences et les fins sont des espèces d'habitudes, τὰ δὲ εἴδη καὶ τὰ τέλη ἔξεις τινές[2], car les unes et les autres sont des espèces de détermination, les unes du principe agissant, les autres de l'acte qui est produit.

Mais, objectera-t-on, la fin ainsi comprise est-elle vraiment une cause? Une telle fin n'existe actuellement que par le fait même de l'action : elle ne préexiste pas même intelligiblement, puisque les êtres dont nous nous occupons en ce moment ne la connaissent pas ; comment peut-elle donc exercer une influence quelconque permettant de la qualifier cause ?

L'objection a son origine dans cette tendance persistante à vouloir ramener plus ou moins toutes les causes au type de la cause efficiente. Aristote, en réalité, ne l'avait pas ainsi compris. Est-ce que la matière ou la forme exercent une influence quelconque sur le composé? Loin de là, elles n'existent que par l'existence du composé ; leur causalité consiste uniquement dans le fait d'y être présentes. Eh bien ! il en est de même de la fin. Elle n'a d'existence que par l'action même accomplie ; elle ne cause qu'en tant qu'elle est le terme où cette action arrive. Ne vous attachez pas aux mots, dont le sens a pu varier. Au lieu de causes des êtres, lisez: conditions essentielles de l'apparition des êtres ; conditions intrinsèques, une matière et une forme qui les constituent ; conditions extrinsèques, une puissance qui les produise et un terme où tende cette puissance. Vous vous rendrez alors parfaitement compte du point de vue d'Aristote. Il n'a cherché qu'une chose : donner le tableau schématique de l'être actuel et complet avec toutes les déterminations qui concourent à le faire être. Pouvez-vous expliquer l'existence d'une chose sans indi-

1. *De gener. animal.*
2. *De gener. et corrupt.*, 1, 7.

quer la puissance qui la produit, et sans dire où tend cette puissance? Non. Eh bien! ces deux données se nomment l'une, la cause efficiente, et l'autre, la fin. Il n'y a pas d'autres fins essentielles et générales dans Aristote.

Sans doute, cette fin immédiate, qui est l'effet même, ne donne pas toujours la détermination totale et définitive. Au-dessus de la fin secondaire et inférieure, il y a une fin plus élevée. La finalité est le principe suprème, aucun autre ne l'explique ; mais les finalités s'expliquent les unes par les autres. L'échelle en est, pour ainsi dire, infinie. C'est alors que nous revenons aux fins intentionnelles et intelligentes ; car l'intelligence seule fournit l'explication suprème ; l'inintelligent n'est qu'une ombre d'être.

Considérez le moindre fait : il est quelque chose de déterminé, mais il n'est pas déterminé par lui-même ; l'être ou l'activité qui fait son fond pourrait avoir une détermination autre. Vous direz qu'il est déterminé par une cause naturelle, et que cette cause était déterminée à le produire: je demanderai qui a déterminé cette cause à son tour. Est-elle nécessairement ? Dans ce cas, elle est identique à l'être, et elle ne peut rien faire de nécessaire qui ne soit identique à l'être ; si cette identité cesse, immédiatement l'indétermination apparaît. Mais il ne peut y avoir qu'un seul fait, une seule chose identique à l'être, puisque, si plusieurs choses pouvaient avoir cette identité, elles se confondraient. Tout le reste est soumis à la loi de l'indétermination, et toute détermination naturelle doit remonter à une indétermination première. Qui a donc pu lever cette indétermination ? qui ? sinon l'intelligence qui conçoit les fins, qui appelle ce qui est comme ce qui n'est pas, qui envisage ces déterminations dans la série infinie des possibles, et peut dès lors approprier les êtres au but qu'elle leur a fixé.

Ainsi, toute fin supérieure est définitive et nécessairement intentionnelle, comme l'a très bien remarqué le P. de Régnon. Les fins inférieures ne peuvent pas s'expliquer toutes seules. Toute détermination met en présence deux termes, ce qui détermine et ce qui est déterminé. Or l'intelligence seule possède à la fois ces deux termes et peut les rapprocher. Un artiste de génie marque ses moindres productions d'un cachet de bon goût qui les fait d'abord reconnaître. Les plus humbles créatures portent dans leur infériorité même le sceau qui les fait reconnaître pour des œuvres de l'intelligence.

En nous voyant généraliser la notion de fin d'une manière qui a pu paraître excessive, la dépouiller de ce qui en fait en apparence la valeur et la rend pour nous vivante, on a craint peut-être que nous n'affaiblissions les grandes preuves qu'elle fournit pour s'élever jusqu'à l'intelligence créatrice. Vous voyez qu'il n'en est rien : nous sommes néanmoins arrivés au but. Je crois même que nous sommes arrivés, non plus facilement peut-être, mais plus sûrement et d'une manière plus indiscutable.

On a fait dans ces derniers temps bien des objections à la finalité intentionnelle qui apparaît dans l'ordre du monde. Elles sont à mépriser, j'en conviens ; mais elles gênent bien des gens. N'est-il pas bon de posséder un argument direct qui montre que toute créature, par là même qu'elle est créature, par là même qu'elle est quelque chose de déterminé, mais non nécessairement déterminé, se réclame de l'intelligence ? L'intelligence de Dieu est la cause des choses, dit le Docteur angélique. Si l'intelligence est cause, elle a mis dans ses effets quelque chose d'analogue à ce qu'elle contient en elle-même ; ce quelque chose est précisément l'élément intelligible des êtres, ce qui détermine leur nature, ce qui est conçu comme leur fin.

Terminons en indiquant différentes espèces de fins, que les scolastiques ont distinguées suivant les divers buts que l'on peut se proposer et la manière de les envisager.

Il y a d'abord la fin désirable : *finis cujus*, en langage de l'École, la fin qu'on se propose en posant un acte, ce pourquoi cet acte est accompli : *finis cujus gratia aliquid fit*. Vous voyez l'origine de son appellation usuelle et abrégée. C'est la fin proprement dite, c'est celle dont nous nous sommes occupés jusqu'ici.

On lui oppose la fin attributive : *finis cui*, autrement, celui à qui la fin est utile, en faveur de qui elle est recherchée.

Toutes les fois, en effet, qu'il y a fin intentionnelle, il y a deux termes dans cette fin : il y a l'objet recherché, il y a la personne pour qui on le recherche. Je veux un bien : par exemple, je veux le salut des âmes ; le salut est la fin désirable ; mais je puis rechercher cette fin pour moi, je puis tendre à me sauver ; je puis aussi chercher à procurer le salut d'un autre. Moi ou cet autre nous sommes la fin attributive. Cette décision répond à la distinction proposée en morale entre l'amour de concupiscence et l'amour d'amitié. On aime la fin désirable d'un amour de concupiscence, on aime celui auquel on souhaite cette fin d'un amour d'amitié. La fin attributive est, en définitive, la fin supérieure ; car, tout ce que recherche un être intelligent, il le recherche pour le bonheur de quelqu'être intelligent. La créature inférieure ne vaut pas la peine d'être recherchée pour elle-même ; mais l'être intelligent, l'être qui connaît sa fin et qui en jouit, celui-là mérite d'être un but. Comme il se possède lui-même, il existe aussi dans une certaine mesure pour lui-même. C'est précisément ce qui lui constitue cette dignité désignée dans le langage humain par le terme de « personne ». Parce qu'il est intelligent, il est une personne, il est *sui juris*, il est une fin. Dieu, sans doute, est la fin dernière au-dessus de toutes les fins : *omnia propter semetipsum operatus est* ; cependant sa bonté a jugé à propos de communiquer son bonheur à ses créatures intelligentes ; et par là même il a travaillé pour elles, il en a fait les fins de ses œuvres.

On distingue plusieurs espèces de fins désirables. Les cas du pronom relatif ont été épuisés à les caractériser. Telle est, par exemple, la fin formelle. *finis quo* ; c'est l'acte par lequel la fin est réalisée. La fin objective, *finis quem*, est l'objet même dont cet acte assure la possession. Dans l'exemple que nous avons choisi, le salut, Dieu est la fin objective que nous devons nous proposer, *finis quem* ; la vision béatifique est l'acte qui nous donne la possession de Dieu, *finis quo*. On distingue encore la fin de l'œuvre. *finis operis*, l'objet qui est obtenu directement par une démarche ; et la fin de l'ouvrier, *finis operantis*, le but qu'on se propose. Ainsi, je vais à la messe : la fin de l'œuvre est d'entendre la messe ; la fin de l'ouvrier, c'est d'obéir à Dieu et de gagner la vie éternelle. Cette distinction est assez voisine, on le voit, d'un autre division, bien connue, en fin prochaine, fin éloignée et fin dernière. La fin prochaine est le résultat immédiat de l'acte émis ; la fin éloignée est le but auquel on se propose d'arriver par cet acte ; la fin dernière est celle où tendent toutes nos démarches et toute notre vie. Les fins éloignées peuvent être subordonnées en très grand nombre les unes aux autres ; mais la fin prochaine et la fin dernière sont uniques ; l'une est le début, l'autre le terme de la série. Ainsi, je laboure mon champ : ma fin prochaine est de mettre la terre en bon état et de la rendre féconde. Pourquoi ? Pour obtenir une bonne récolte, pour gagner de l'argent, pour élever ma famille, pour remplir mes devoirs envers Dieu et faire mon salut. Telle, en effet, doit être la fin dernière de toute chose et de toute action. Dieu n'exige pas que nous ne nous occupions que de lui ; mais il exige que toute notre vie soit tournée vers lui, de sorte que sa gloire, qu'il s'est proposée en créant, soit aussi la fin dernière de notre existence. Beaucoup mettent leur fin dernière dans les plaisirs : ils les ont bientôt épuisés ; d'autres la mettent dans l'ambition : qu'ils s'attendent aux déceptions innombrables, aux luttes, aux périls de toute sorte ; d'autres recherchent la gloire pour eux : le plus souvent ils la manquent, car la gloire est essentiellement capricieuse, elle dépend des circonstances, elle dépend de l'opinion, mobile et fantasque ; et, quand vous l'avez obtenue, voilà qu'elle ne fait plus qu'embellir votre tombeau ! Dieu seul est la fin dernière du sage ; c'est la seule qui soit naturelle, parce qu'il est l'auteur de la nature ; la seule qu'on ne puisse rechercher avec excès, parce qu'il est la règle même et la mesure de toutes choses ; la seule qui ne manque jamais, parce qu'on la trouve dans la vie, à la mort et au-delà.

L'étude des causes pourrait être indéfinie : c'est un sujet inépuisable, c'est le schéma de la vie des choses. Nous avons voulu seulement, dans ce travail, en indiquer les principaux traits. Nous avons essayé d'établir solidement le principe de causalité. Nous avons ensuite marqué les caractères essentiels de la causalité divine, les lois des causalités créées et leur jeu réciproque. Enfin nous avons expliqué brièvement le rôle de la cause finale. Dans cette étude, nous avons trouvé Dieu partout. En lui-même, Dieu est l'être dans sa plénitude et sa perfection ; mais pour nous il est surtout la cause, la cause première qui produit tout, la cause motrice qui donne la vie à tout, la cause finale où tout aboutit. Pour le philosophe qui n'a pas abdiqué sa raison au profit de ses passions ou de son orgueil, Dieu est partout ; car il explique tout, rien ne se fait sans son assistance actuelle et le moindre ver de terre ne pourrait ramper sans son secours. Il est un psaume où le prophète David exprime admirablement cette présence universelle de Dieu, présence qui ne le confond pas avec la création, mais par laquelle il voit tout, produit tout et pénètre tout : Où fuirai-je, s'écrie-t-il, pour échapper à votre regard ? Si je monte au ciel, c'est votre séjour ; si je descends dans les enfers, vous y êtes ; si je prends les ailes de la colombe pour fuir à l'extrémité des mers, je m'aperçois que c'est votre main qui m'y conduit[1]. Le savant qui ne s'arrête pas à mi-chemin, le savant qui veut aller jusqu'au bout de la science trouve de même Dieu partout ; tous les faits qu'il découvre, tous les phénomènes qu'il constate ne s'expliquent, en dernier ressort, que par l'énergie présente de l'action divine. Ils disent qu'ils n'ont vu partout que des créatures ; mais que serait ces créatures sans Dieu ? Autant vaudrait dire que vous voyez la verdure des arbres, l'éclat des fleurs, l'azur du ciel, et que vous ne voyez pas la lumière. Toutes ces choses vivent de la vie de Dieu qui les pénètre, et votre esprit lui-même ne les voit que dans la lumière que Dieu répand sur vous. Dieu seul est la raison, la vigueur et la splendeur des choses : sans lui toute force tombe, tout amour qui ne tend pas vers lui s'avilit, toute intelligence qui le méconnaît s'obscurcit, toute civilisation qui le repousse recule vers la barbarie.

1. Ps. 138, v. 7-10.

Imp. G. Saint-Aubin et Thevenot, Saint-Dizier, (Hte-Marne) 30 passage Verdeau, Paris.

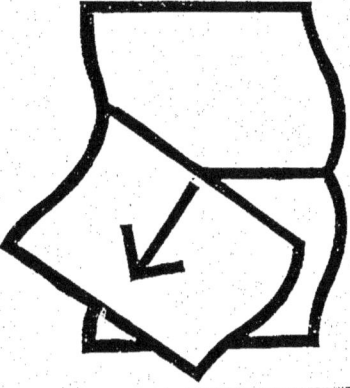